DR. LAU

CAPCANELE MANCATULUI EMOȚIONAL

SLĂBITUL – O PROVOCARE FIZICĂ SAU MENTALĂ?

Volum îngrijit de Iulia Burtea

ALL

CUPRINS

Laura Ene este medic primar în Diabet, Nutriţie şi Boli Metabolice, cu o experienţă de peste 15 ani în domeniu, timp în care a ajutat peste 10.000 de pacienţi să înveţe să mănânce sănătos, să-şi schimbe stilul de viaţă, să slăbească şi să se menţină.

Este fondatoare a Cardiometabolic Institute, cofondatoare a Academiei de Nutriţie „Sănătate, Te Iubesc!", membră a Colegiului Medicilor din România, membră a Societăţii Române de Diabet, Nutriţie şi Boli Metabolice, a Fundaţiei pentru Alimentaţia Sănătoasă şi a Asociaţiei Europene pentru Studiul Diabetului. Participă anual la cursuri şi conferinţe de specialitate în ţară şi în străinătate, pentru a fi mereu la curent cu noutăţile din domeniul nutriţiei şi alimentaţiei sănătoase.

Convinsă că o stare bună de sănătate se desăvârşeşte la intersecţia dintre minte, corp şi spirit, a explorat şi latura emoţională a meseriei sale. Astfel, studiile sale medicale sunt completate de cursuri şi formări în domeniul psihologiei şi psihoterapiei, ceea ce îi conferă statutul de pionier în domeniul psihonutriţiei. Este psihoterapeut sub supervizare în Terapii scurte centrate pe resurse şi soluţii şi membră a Colegiului Psihologilor din România. De asemenea, este acreditată în tehnici de Interviu Motivaţional (Clinica PsiMotion), absolventă a modulelor de Terapie Contextual-Modulară la Institutul Traumei (ISTT) şi a cursurilor de NLP-practitioner (Programare Neuro-Lingvistică) din cadrul

International Association for Neuro-Linguistic Programming (IANLP). Interesele ei interdisciplinare nu se opresc aici: Laura Ene este şi absolventă a Facultăţii de Medicină, Specializarea Fiziokinetoterapie, din cadrul Universităţii de Medicină şi Farmacie „Carol Davila" din Bucureşti.

În paralel, susţine o multitudine de workshop-uri, seminarii, grupuri de suport şi ateliere de nutriţie pentru medici rezidenţi, specialişti, asistente medicale, dar şi pentru publicul larg pasionat de nutriţie şi alimentaţie sănătoasă, în cadrul Academiei de Nutriţie „Sănătate, Te Iubesc!" (www.academiadenutritie.ro). Este trainer acreditat de Institutul Român de Training (IRT) şi a format zeci de medici nutriţionişti specializaţi în slăbit sănătos. Renumitele tabere KiloStop Total Transformation Retreat reprezintă unul dintre evenimentele anuale de suflet, în care investeşte timp şi energie. Este coautoare a mai multor cărţi de reţete: *Reţete Dietetice pentru Crăciun, KiloStop Detox, KiloStop Low Carb, KiloStop Green, KiloStop Fit Bunny, Salvat de Kilostop*.

În momentul de faţă este medic expert în cadrul clinicii KiloStop (www.kilostop.ro), cea mai mare clinică de nutriţie din România, coordonatoarea departamentului de diabet şi nutriţie din cadrul Spitalului de Chirurgie Cardiovasculară Monza din Bucureşti şi coordonator şi lector în cadrul cursului de Tehnician Nutriţionist Acreditat, din cadrul Academiei de Nutriţie „Sănătate, Te Iubesc!". Este o prezenţă constantă online, ca medic expert al comunităţii DOC (www.doc.ro) şi prin intermediul blogului www.totuldespreslabit.ro.

Experienţa personală în lupta cu kilogramele în plus, pe care a reuşit să o câştige pentru totdeauna, a inspirat-o să le împărtăşească şi celorlalţi „formula magică" prin care să slăbească şi să se menţină mâncând orice, fără foame sau frustrare. Aceasta este şi motivaţia care a determinat-o să scrie atât cartea *Capcanele Dietelor. Dietă pe viaţă sau stil de viaţă?* (Editura ALL, 2018), cât şi pe cea de faţă.

De curând, şi-a redescoperit pasiunea pentru gătit şi a creat un meniu care a fost imediat preluat şi pus în practică printr-o firmă de catering special concepută pentru a susţine un stil de viaţă sănătos şi echilibrat. ELA Bistro (www.elabistro.ro) s-a născut din ideea că un adevărat nutriţionist îşi pune în practică principiile, nu se rezumă la a le enunţa. Aventura culinară care o are în prim-plan pe Laura Ene ca garant al calităţii produselor a început atunci când, în cadrul cursului de Tehnician Nutriţionist pe care îl coordonează, a realizat câtă nevoie este în piaţa de catering de mâncare cu adevărat sănătoasă, gustoasă, săţioasă şi dietetică în acelaşi timp.

RECUNOȘTINȚĂ

Doamne, dă-mi
puterea de a accepta ceea ce nu pot schimba,
curajul de a schimba ceea ce pot schimba
și înțelepciunea să fac diferența dintre cele două!

Nu pot schimba lumea, îmi este clar.
Însă pot schimba sau influența ceea ce ating.
Dacă fiecare dintre noi ar fi conștient de aceasta
și ar avea pentru cel din fața sa
mai multă toleranță, mai multă răbdare
și nu ar încerca să-l schimbe,
ci l-ar accepta exact așa cum e,
abia atunci ar începe procesul de vindecare,
al nostru și al celor din fața noastră,
iar lumea s-ar putea schimba în bine cu adevărat.

Le mulțumesc tuturor celor care mi-au luminat existența prin prezența lor, care m-au provocat să mă transform și să cresc, să perseverez în drumul meu, să-mi găsesc calea și să-mi îndeplinesc misiunea.

În ordinea în care i-am cunoscut, doresc să-i menționez pe câțiva din oamenii care au stat la baza formării și dezvoltării mele ca om și ca profesionist.

Încep cu formatorii mei din rezidențiat, medici și oameni extraordinari – **Conf. Dr. Cristian Guja, Prof. Dr. Cristian Serafinceanu, Dr. Viorel Mihai,** împreună cu echipa de asistente (**Mariana Marinescu** și **dna Melania**), alături de care am făcut primii pași în medicina la patul bolnavului și am înțeles ce înseamnă grija față de oameni, bunătatea și dedicarea pentru meseria de doctor și asistent. De la ei am înțeles că pacienții noștri sunt mai mult decât un buletin de analize sau un bilet de externare, am învățat să-i tratez ca pe oameni din familie. Vă mulțumesc!

Cristian Panaite – căruia îi mulțumesc nespus pentru că m-a susținut mereu necondiționat, m-a văzut și a crezut în mine atunci când eu nu mă vedeam și nu credeam în mine însămi, pentru că m-a încurajat mereu să-mi urmez visul și a fost persoana care a știut să aprindă scânteia de noutate și de căutare, de la care a pornit povestea dezvoltării mele personale de până acum. Mulţumesc, Cristian!

Cristian Mihai – cu care am început aventura autocunoaşterii şi a dezvoltării personale prin cursurile de NLP Practitioner pe care le-am devorat efectiv şi care mi-au hrănit curiozitatea de a merge mai departe şi de a aprofunda zona de psihologie-psihoterapie. Mulţumesc, Cristian!

Dan Luca – un coach şi un om extraordinar, care mi-a fost alături, chiar dacă poate nu a ştiut asta, în unele din cele mai grele momente ale dezvoltării mele identitare. Alături de el am învăţat ce înseamnă stima de sine şi am reuşit să o recuperez. Dan mi-a deschis calea către autovindecare, marcând totodată punctul de cotitură al maturizării mele, prin faptul că m-a învăţat să-mi ascult copilul interior şi m-a ajutat să conştientizez că nimeni altcineva în afară de mine nu-mi poate vindeca rănile copilăriei sau adolescenţei, că doar adultul din mine este responsabil să-mi vindece copiii interiori. Totodată, alături de Dan, inspirată de webinariile şi e-cursurile sale, am reuşit să aduc în viaţa mea o formă deosebită de disciplină şi organizare, fără de care nu aş fi putut face toate lucrurile pe care le-am făcut şi continui să le fac. Mulţumesc, Dan!

Cristian Olteanu – Zen Master care m-a ajutat să-mi recunosc şi să mă împac cu emoţiile (mai ales cu cele neplăcute), să-mi privesc problemele ca pe provocări şi căruia îi datorez cea mai minunată formulă de coaching-terapie: ACCEPTARE, RĂBDARE ŞI SUPORT, absolut magică şi pe deplin vindecătoare. De la Cristian am mai învăţat să-mi ascult pacienţii cu inima şi să-i ajut cu mintea, nu invers, cum o făcusem de multe ori înainte de a afla acest concept. Mulţumesc, OM bun!

Bogdan Ion, Andreea Ion, Diana Vasile – profesorii mei de psihoterapie care m-au iniţiat în tainele terapiilor scurte centrate pe resurse şi soluţii. Alături de ei am înţeles să privesc omul ca pe un întreg, să nu-i văd doar rănile, problemele sau neputinţele, ci, dimpotrivă, să-i caut resursele şi să-l ajut să-şi dezvolte propriile soluţii. De la ei am înţeles că puterea vindecării nu este la mine, ci la cel din faţa mea. De la ei am învăţat că treaba mea în viaţa omului care vine la consultaţie este să-i aprind o lumină pe drumul său, să-l ajut să vadă lucrurile dintr-o altă perspectivă, aceea a împuternicirii de sine şi a capacităţii proprii de soluţionare şi rezolvare a provocărilor. Vă mulţumesc!

Le mulţumesc, de asemenea, lui **Andy Szekely** şi echipei sale de traineri şi facilitatori, alături de care am renăscut în Bootcamp Self Mastery şi m-am recompus în ceea ce sunt acum din miile de piese de puzzle în care mă împrăştiasem. Respect, Andy!

Le mulţumesc tuturor celor pe care i-am întâlnit pe drum până acum şi care m-au luminat, îndrumat, susţinut şi format ca om, ca profesionist, ca întreg.

PREFAȚĂ

O carte precum cea pe care o citești acum,
semnată de Laura Ene, este mai mult decât necesară
pentru a înțelege legătura dintre suflet, minte și corp.

NOI, OAMENII

Cred că noi, oamenii, suntem precum sistemele deschise, exact cum spunea Dumitru Constantin-Dulcan: captăm energie şi oferim, în egală măsură, energie şi feedback. Primim energie prin mâncare, dar şi prin intermediul interacţiunilor cu ceilalţi, motiv pentru care este necesar să conştientizăm că o stare de echilibru emoţional, pe care o putem dezvolta prin intermediul psihoterapiei, ne ajută, printre altele, să facem cele mai potrivite alegeri în privinţa mâncării, astfel încât să ne bucurăm de o viaţă lungă şi sănătoasă aici, pe pământ.

O carte precum cea pe care o citeşti acum, semnată de Laura Ene, este mai mult decât necesară pentru a înţelege legătura dintre suflet, minte şi corp.

Toţi oamenii trăiesc în tipare comportamentale, unele care generează probleme şi altele care insuflă soluţii. Cu toate că suntem foarte diferiţi, întâlnesc tipare de comportament asemănătoare la cei care calcă pragul cabinetului meu din clinica de nutriţie Kilostop, în care îmi desfăşor activitatea de mai bine de opt ani. În fond, cu toţii avem aceeaşi nevoie de a fi iubiţi şi acceptaţi. Lucrând cu pacienţii a peste 30 de medici nutriţionişti, am descoperit că, în tot acest timp, cele mai frecvente tipare de comportament alimentar problematic provin din rănile emoţionale, traumele şi experienţele-limită care şi-au pus amprenta asupra dezvoltării individului.

Atunci când nu ne cunoaştem pe noi înşine suficient de bine şi ne controlăm greu emoţiile, avem tendinţa de a dezvolta comportamente de susţinere care, când nu sunt legate de ceea ce mâncăm, pot evolua într-o multitudine de adicţii, precum alcoolul, munca în exces, fumatul, dependenţa de cumpărături şi de reţelele sociale etc. În urmă cu nouă ani, eu însumi aveam 35 de kilograme în plus şi am traversat o perioadă în care mâncatul emoţional m-a însoţit la fiecare masă. Din perspectiva mea, mâncatul emoţional este mai degrabă o soluție rapidă decât o problemă, o rezolvare pe care o identificăm, nu la nivel conștient, și la care apelăm pentru a ne echilibra emoțional. Numai că această soluție funcționează doar pe termen scurt, după modelul „Mă echilibrez prin schimbarea stării pentru câteva minute.“, iar pe termen mediu și lung se poate transforma într-o problemă gravă de sănătate.

Când descoperă că relația cu mâncarea poate să stea la rădăcina problemelor lor de sănătate și de greutate, clienții mei au o revelație (*aha moment*, cum spunem noi, psihologii), adică atunci reușesc să vadă pentru prima dată lucrurile dintr-o cu totul altă perspectivă, iar asta îi ajută mult să își găsească direcția. Oamenii cu care lucrez pentru schimbarea stilului de viață se împart în două mari categorii: cei care îmi mărturisesc că urăsc să mănânce și să mai vadă mâncare și cei care iubesc mâncarea și susțin că fără micile răsfățuri culinare sau fără o cantitate generoasă de alimente nu reușesc să facă față unei zile stresante. Am întâlnit multe cazuri în care raportarea la mâncare începe ca o relație de iubire care în timp se transformă în ură. Obișnuim să ne raportăm la mâncare ca la o problemă de care „trebuie“ să scăpăm.

Când am onoarea să fiu lângă umărul unei alte ființe umane în drumul ei către schimbarea în bine, mă simt cuprins de blândețe și iubire, iar asta mă ajută să devin o oglindă limpede în care aproapele meu se reflectă, ajungând să își dea sieși cele mai bune sfaturi. Cred cu tărie că fiecare este expert în propria sa viață, însă câteodată avem nevoie de ajutor pentru a depăși obstacolele. Cea mai eficientă recomandare pe care ți-o pot oferi este să te privești în interior cu răbdare, curiozitate și blândețe, căci resursele și răspunsurile la toate problemele și întrebările cu care te confrunți sunt deja acolo.

Le sunt recunoscător tuturor clienților mei; și datorită lor sunt ceea ce sunt astăzi, ei îmi reamintesc în fiecare zi ce este cu adevărat important în viață. Îmi vin acum în minte mulți clienți cu care am mers pe drumul schimbării stilului de viață, dar dintre toți cred că unul va rămâne cu mine pentru totdeauna. Este vorba despre o doamnă care a intrat în cabinet cu o atitudine sceptică, recunoscând chiar că a venit doar pentru că „m-a trimis doamna doctor și sunt puțin curioasă să aflu ce se întâmplă în cabinetul unui psiholog". Așa a început o colaborare de aproape un an, în care am descoperit ce se ascundea în spatele mâncatului compulsiv, al întoarcerii permanente la vechile obiceiuri și la numărul de kilograme inițial, după ce reușea să slăbească. Trecuse de atât de multe ori prin acest calvar, că nici nu mai ținea minte câte diete, cure și soluții-minune încercase. Am descoperit împreună ce motivație intrinsecă avea și treptat a înțeles că tiparele-problemă se pot transforma în tipare-soluție cu ajutorul metodelor specifice de psihoterapie: „Acum înțeleg de ce nu pot să mă opresc din mâncat la ora 1 noaptea decât în momentul în care se termină toată mâncarea din frigider, de ce nu vreau să arăt bine".

Recunoașterea unor traume din trecut și întoarcerea către sine poate fi un proces lung, în care întâlnim demoni (obstacole), dar și îngeri (resurse), cu ajutorul cărora reușim să străbatem calea către schimbarea autentică, adică aceea care presupune mișcări interioare ireversibile. Îmi place să cred că, într-adevăr, frica îndreptată în direcția potrivită se numește curaj. Clienta mea m-a ajutat la rândul ei să pătrund la un nivel mai profund sensul ideii că puterea de schimbare sălășluiește în fiecare dintre noi, nu trebuie decât să îi oferim ocazia să iasă la suprafață și să avem încredere în oamenii din jur care ne pot sprijini.

Chiar dacă frica de schimbare, ajunsă la cote maxime, te împinge uneori să devorezi toată mâncarea din ditamai frigiderul, ea se poate transforma în curajul de a te dezvălui, de a te dezbrăca de toate măștile în fața unui alt om, pentru a reuși să te debarasezi de greutățile trecutului și să trăiești viața pe care o meriți. Mulțumesc pentru neprețuita lecție de viață!

Pe Laura o cunosc de mai bine de nouă ani, timp în care am colaborat într-o multitudine de contexte: conferințe, workshopuri, tabere de retreat, traininguri, dar şi în cabinet, lucrând pentru schimbarea în bine a pacienţilor noştri. Pentru mine este o onoare să pot scrie, chiar în cartea ei, aceste rânduri despre ea şi despre munca pe care o facem împreună. Orice interacţiune cu Laura constituie un prilej de bucurie, este un om cu o viziune complexă şi completă şi un medic care îşi priveşte fiecare pacient ca şi cum ar fi cel mai important om din lume. Trebuie să adaug şi că o consider pe Laura un adevărat lider, care ştie să asculte sfaturile profesioniştilor din jurul ei, iar la rândul lor, ceilalţi profesionişti le urmează pe ale ei. Mulţumesc, Laura, pentru tot ceea ce eşti şi faci!

Cristian Olteanu,
psihoterapeut

INTRODUCERE ÎN LUMEA PSIHONUTRIȚIEI

Bine te-am regăsit, dragă cititorule!

Te salut cu emoție, bucurie și recunoștință. Emoția vine din faptul că am scris această carte din suflet, despre suflet, pentru suflet. Bucuria este și ea prezentă pentru că, odată ajunși aici, știu sigur că ești pe drumul cel bun. Acela al schimbării reale. Recunoștința vine din credința că citind, aplicând, experimentând și dând mai departe ceea ce vei afla în această carte, mă ajuți să-mi îndeplinesc misiunea – aceea de a contribui la schimbarea reală a celor ce și-o doresc cu adevărat, prin intermediul a ceea ce am învățat în atâția ani nu doar în școala medicală, care m-a format, sau în școala de psihoterapie, care m-a șlefuit, ci mai ales în școala vieții și a experiențelor trăite alături de pacienții mei.

Cercetătorii în domeniul nutriției estimează că 95% din diete eșuează din cauza mâncatului pe fond emoțional sau din cauza altor tipare problematice de comportament alimentar. De cele mai multe ori, dietele dau greș deoarece oferă sfaturi nutriționale logice care funcționează numai dacă ți-ai conștientizat deja obiceiurile alimentare. Însă își pierd puterea atunci când în proces intervin emoțiile, care cer o recompensă imediată, adică de cele mai multe ori alimente bogate în calorii și sărace în nutrienți. De aceea, merită să înveți să aplici alte modalități pentru a-ți conștientiza și controla mai bine emoțiile și reacțiile.

Experiența în lupta cu kilogramele în plus, atât cea personală, cât și cea din cabinet, m-a învățat că scăderea în greutate sau schimbarea stilului de viață nu se pot produce în mod complet și definitiv decât atunci când reușim să adoptăm o strategie consecventă și aliniată la nivel fizic, emoțional, mental și spiritual. Din acest motiv, am ales să mă concentrez asupra aspectelor psihologice pe care le presupune orice proces de schimbare, fără a renunța, însă, la sfaturile, recomandările și trucurile care îți pot face mai ușoară sarcina de organizare a meselor zilnice. Pentru mai multe informații din acest punct de vedere, te invit să descoperi prima mea carte, *Capcanele dietelor. Dietă pe viață sau stil de viață?*, dacă nu ai făcut-o deja; vei găsi trimiteri punctuale la textul acesteia, acolo unde se impune.

Știu că te afli aici pentru a obține rezultate concrete și pe cântar, nu numai în starea de spirit sau la nivelul de energie cu care întâmpini fiecare zi. Dacă îți aliniezi corespunzător planurile mental-emoțional-spiritual, acest echilibru se va regăsi și în planul fizic. Vindecarea începe cu conștientizarea, acel neprețuit moment „Ah, acum îmi dau seama!". Următorul pas este acceptarea – acceptă că până acum asta a fost ceea ce ai reușit să identifici ca fiind soluția cea mai potrivită. Dar a sosit momentul să încerci altceva. Dacă faci mereu același lucru, nu vei ajunge la un rezultat diferit; numai schimbând unghiul din care privești problema, ai toate șansele să schimbi și deznodământul poveștii tale. În această carte vei regăsi informații, tehnici și recomandări împrumutate din psihologie, dezvoltare personală, programare neuro-lingvistică, din surse selectate cu grijă și testate în profunzime, adaptate la domeniul nutriției și stilului de viață sănătos. Temele și exercițiile din secțiunile „Răspunde sincer!" sau „Încearcă și tu!" îți vor deschide perspectiva de care ai nevoie pentru a-ți planifica succesul, astfel încât niciun detaliu să nu rămână la voia întâmplării.

Nici eu nu am fost cruțată de provocările cu care se confruntă cei care îmi trec pragul cabinetului. Știu prea bine faptul că lucrurile se pot îndrepta în bine doar dacă schimbarea începe din interior. Am convingerea că tocmai eforturile de autocunoaștere și experiențele personale pe care le-am avut în legătură cu slăbitul și cu menținerea mă ajută să îmi înțeleg pacienții, ca să îi pot sfătui corespunzător. În plus, sunt fidelă unui principiu foarte clar: recomand numai lucrurile în care cred și pe care le-am testat pe pielea mea.

În anii (peste 15 deja) de activitate ca medic diabetolog și nutriționist, am recunoscut de multe ori propriile slăbiciuni și greșeli în poveștile pacienților pe care i-am tratat și consiliat. Pentru că, da, și nutriționiștii au pofte, căci suntem oameni, la urma urmei!

Și noi facem alegeri alimentare nepotrivite, și noi putem adopta comportamente alimentare nesănătoase.

Cartea de față nu se adresează numai celor interesați în mod direct de schimbarea stilului de viață și de slăbit, ci și celor care îi pot consilia și susține pe aceștia – prieteni, familie, antrenori, medici, asistente medicale, medici de familie, specialiști în *life coaching*.

Bine ai venit în lumea psihonutriției! Călătorie plăcută și regăsire cu sens!

Capitolul I

SLĂBITUL ESTE O CĂLĂTORIE, NU O DESTINAȚIE

Bucură-te de drum și nu-ți face griji cu privire la momentul când vei sosi la destinație, ci mai degrabă preocupă-te de modul în care vei ajunge acolo.

FASCINANTUL TRASEU DE LA „NU VREAU SĂ SCHIMB NIMIC“ LA „AM REUŞIT!“

Fumatul, consumul de alcool, mâncatul excesiv, privitul la televizor ore în şir – iată câteva obiceiuri despre care ştim cu toţii că sunt nocive, dar asta nu le împiedică să rămână o prezenţă constantă în rutina zilnică a multora dintre noi. Atâta timp cât sunt practici ocazionale şi apelăm la ele în măsura potrivită, devin acceptabile şi intră la capitolul „micile plăceri ale vieţii“. Excesul, însă, pierderea controlului şi, în consecinţă, problemele de sănătate apărute din cauza acestor obiceiuri, comportamente şi alegeri personale reprezintă semnale de alarmă care ar trebui să ne pună serios pe gânduri, deschizându-ne calea către schimbare.

Despărţirea de obiceiurile nocive, cu atât mai mult cu cât ele sunt privite ca o formă de recompensă şi bucurie, presupune nu doar o schimbare comportamentală, ci şi una identitară, a cărei amploare de ordin psihologic şi emoţional ţin să o subliniez în mod special, având în vedere gradul de frustrare şi exerciţiul de renunţare pe care le presupune. Schimbarea căreia ne propunem să îi dăm curs la un moment dat va avea un impact puternic asupra vieţii în ansamblu, angrenând întregul sistem de valori, credinţe şi obiceiuri confortabil instalate în existenţa de zi cu zi. Nu este de mirare că persoanele care pornesc pe drumul schimbării se trezesc într-un adevărat carusel al temerilor şi al ezitărilor.

„*Acţiunea este antidotul fricii.*“

Robin Sharma

Schimbarea obiceiurilor de orice fel este recunoscută dealtfel în psihologie şi psihoterapie ca fiind una dintre cele mai mari provocări, atât pentru cel care parcurge acest proces, cât şi pentru cel care îl însoţeşte, fie el terapeut, prieten, confident sau partener de viaţă. La finele anilor 1980, James O. Prochaska şi Carlo Di Clemente, doi psihologi americani de renume, au reuşit să facă lumină în acest domeniu prin elaborarea unei teorii extrem de valoroase, pe cât de relevantă, pe atât de ușor de asimilat în simplitatea sa. Este vorba despre modelul stadiilor schimbării, pe care le traversează orice persoană angajată într-un proces de schimbare. Ideile celor doi psihologi se bucură în continuare de succes, fiind integrate în structura terapiilor de modificare comportamentală, datorită impactului pozitiv major pe care îl au asupra înțelegerii mecanismelor prin care oamenii ajung să facă modificări comportamentale majore și durabile.

Așa cum te-am obișnuit, și de această dată îți voi povesti propria mea experiență, pentru că vreau să-ți împărtășesc modul în care teoria stadiilor schimbării m-a ajutat să înțeleg și să reușesc să fac schimbarea pe care mi-o doream. Și nu oricum, ci în cel mai ușor și prietenos mod posibil, fără să simt că-mi este imposibil sau îngrozitor de inconfortabil, fără să cedez tentațiilor și fără să mă chinuiesc inutil, insistând într-o zonă a schimbării pentru care nu eram de fapt pregătită.

Urmează, așadar, să îți spun povestea renunțării mele la fumat – pentru că da, am fumat timp de aproape 20 de ani înainte să fac alegerea definitivă de a nu mai gravita în jurul scrumierei și al acestui obicei. Tocmai fiindcă am respectat, de multe ori inconștient, stadiile firești ale schimbării, nu am bătut pasul pe loc, ci am făcut salturi de care sunt mândră acum, când îmi pot contempla cu detașare parcursul. Treptat, am bifat una câte una toate etapele specifice oricărui proces de schimbare a comportamentului, pe care vreau să ți le descriu în continuare, cu speranța că te vor inspira și pe tine să faci posibilă schimbarea de care ai nevoie în viața ta.

Prima fază s-a întins pe o perioadă lungă, de cel puțin zece ani, în care am ignorat total efectele nocive ale fumatului, cu toate că pregătirea medicală îmi oferea suficiente informații pentru a înțelege implicațiile acestui obicei asupra stării mele de sănătate. Eram conștientă de toate consecințele fumatului, începând de la efectele devastatoare asupra organelor importante (afecțiuni pulmonare, scăderea imunității, creșterea alarmantă a riscului de cancer) și terminând cu repercusiunile mai superficiale, dar deloc de neglijat, din sfera frumuseții (aspectul tern al tenului, fragilitatea unghiilor și a părului, petele de pe dantură, mirosul neplăcut al hainelor, pielii, gurii și părului).

Aceste argumente, însă, aveau asupra mea aceeași influență pe care o au avertismentele și imaginile de pe pachetele de țigări asupra cuiva atât de obișnuit cu ele, încât le ignoră și scoate o nouă țigară din reflex, cu convingerea că își oferă un moment de relaxare, nicidecum un atac chimic asupra propriului său organism.

Știam prea bine că efectele adverse sunt prezente, însă nu le băgam deloc în seamă, din cauză că, undeva în sinea mea, plantasem iluzia că pe mine nu mă vor afecta, că mie nu îmi face rău fumatul, ci dimpotrivă, mă ajută să mă relaxez, să mă detensionez, chiar să mă concentrez mai bine, mai ales în situațiile în care aveam mult de învățat sau de lucru. Este o senzație atât de des întâlnită printre cei care sunt captivi între zidurile înalte ale unei dependențe! Aveam replică la orice încercare a celor din jur de a mă determina măcar să reduc numărul țigărilor, căci nici nu încăpea vorbă să mă las de fumat! Atât eram de atașată de momentul „țigară“, care devenise în mintea mea un mod de a respira energie, bucurie, calm, relaxare.

A durat cel puțin 15 ani până să le dau dreptul la replică, mai mult de câteva secunde, gândurilor care mă tentau cu perspectiva renunțării la fumat. Apoi au mai trecut încă cinci ani până să iau decizia finală de a renunța la ceea ce atunci reprezenta o parte importantă a credințelor și nevoilor mele de bază: valorificarea libertății prin bucuria unei mici plăceri (ne)vinovate.

Știu exact când s-a produs declicul care a sădit în mine sămânța necesității de schimbare. Participam la o conferință medicală din postura de speaker pe o temă din domeniul nutriției și stilului de viață sănătos. Între diversele speech-uri din cadrul evenimentului, ne bucuram de câte o pauză de 15 minute de cafea și

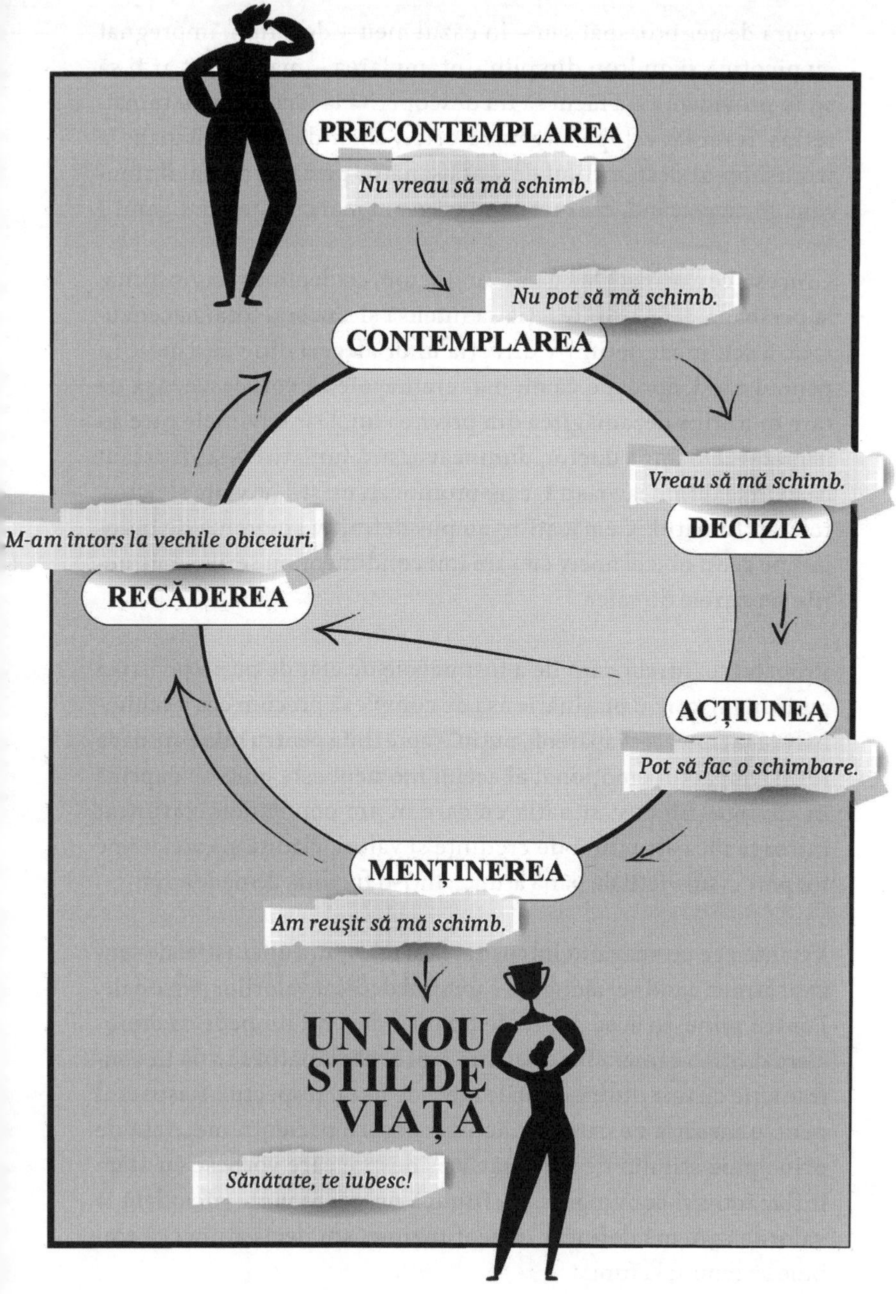
PRECONTEMPLAREA
Nu vreau să mă schimb.
Nu pot să mă schimb.
CONTEMPLAREA
Vreau să mă schimb.
DECIZIA
ACȚIUNEA
Pot să fac o schimbare.
MENȚINEREA
Am reușit să mă schimb.
M-am întors la vechile obiceiuri.
RECĂDEREA
UN NOU STIL DE VIAȚĂ
Sănătate, te iubesc!

o gură de aer proaspăt sau – în cazul meu – de... fum, impregnat cu nicotină și gudron din plin. Întâmplarea – mai corect ar fi să spun providența – a făcut să fiu descoperită la locul pentru fumat, retras, rezervat echipei organizatorice, chiar de un participant la workshop-ul despre stilul de viață sănătos pe care tocmai îl ținusem. Și nu oricând, ci exact când trăgeam mai cu sete din țigară!

Ghicești ce a urmat? Mă gândesc și acum, cu deplină recunoștință, la persoana care, prin reacția sa intensă și sinceră, total necenzurată, a schimbat definitiv direcția unor alegeri din viața mea. În primul rând, aproape că nu mai era nevoie să vorbească, așa de tare m-a atins dezamăgirea din privirea lui. Dar cuvintele care au urmat – „Doamna doctor, dumneavoastră fumați?! N-aș fi crezut că tocmai dumneavoastră, care promovați un stil de viață sănătos, tolerați fumatul! Ce păcat!" – au pus definitiv amprenta de îndoială pe acest obicei nociv cu care îmi condimentam serile, diminețile și pauzele de cafea.

Probabil te întrebi cum de a fost nevoie de atât de puțin pentru a pune în mișcare o mașinărie așa de complexă precum cea a schimbării. De fapt, acest aparent „puțin" reprezintă pentru mine aproape totul. Impactul emoțional al acelui moment este greu de cuprins în cuvinte. Efectiv, situația cu care m-am confruntat a aruncat întreaga mea structură de credințe și valori, clădită și cizelată pe tot parcursul vieții de până atunci, într-o furtună de nedescris.

Vei înțelege cu adevărat intensitatea și relevanța unei astfel de senzații atunci când vei ajunge la capitolul dedicat valorilor personale. Pentru mine, în acea pauză de țigară a devenit limpede ca atmosfera dintr-o cameră bine aerisită faptul că fumatul se află în contradicție cu una dintre valorile mele de bază, respectul. Respectul pentru meseria pe care o practic și pentru pacienții mei, față de principiile stilului de viață sănătos despre care vorbesc cu atâta înflăcărare și convingere. Și, fiindcă nu voi renunța niciodată la valorile care mă definesc în profunzime, am decis atunci că trebuie să renunț la fumat.

„*Trebuie să devenim ceea ce vrem să-i învățăm pe alții să fie.*“

Nathaniel Branden

Indiferent ce obiectiv ți-ai setat – să renunți la a mai mânca compulsiv, să slăbești sau să te menții ori pur și simplu să mănânci sănătos –, în acest moment autocunoașterea cântărește enorm. Identificarea stadiului schimbării în care te afli acum poate influența major acțiunile tale viitoare, atrăgând succesul de partea ta și ajutându-te să nu intri în contradicție cu nevoile și emoțiile tale.

Parcurge cu atenție paragrafele de mai jos pentru a descoperi în ce stadiu al schimbării ești cu adevărat și cum anume este cel mai potrivit să acționezi, astfel încât să reușești să faci schimbarea la care te gândești, fără a te frustra, fără a te chinui, în maniera cea mai potrivită pentru tine.

REZISTENȚA LA SCHIMBARE SAU STADIUL PRECONTEMPLATIV

Dacă te situezi în etapa de precontemplare, este foarte probabil să nu iei în considerare varianta unei modificări de comportament sau să îți explorezi extrem de puțin potențialul de schimbare. Discuția despre schimbare în sine te irită, te enervează la culme, transformându-te într-un ghem de emoții negative și de reacții de respingere a oricărui plan și a oricărei perspective de a face lucrurile diferit.

Nu suporți prelegerile și sfaturile celor din jur privind așa-zisa ta problemă de greutate; nu sunt binevenite nici apropourile subtile, ci dimpotrivă, te enervează la culme „grija“ pe care alții ți-o poartă sau sfaturile pe care vor să te determine să le urmezi.

„Vedeți-vă voi de ale voastre și vă rog, nu vă mai dați cu părerea despre ce ar trebui să fac eu și ce nu, decât atunci când o să vă întreb!“

Dacă ai început deja să te recunoști în rândurile de mai sus, te invit să răspunzi cât mai sincer, în sinea ta, la următoarele întrebări: De ce crezi că cei apropiați ție sunt atât de afectați de modul în care mănânci sau de problemele de sănătate ori de greutate pe care le ai? Care crezi că este motivul real al îngrijorării lor?

Poate că tu nici măcar nu consideri că ai o problemă. Poate că te compari cu alții, identificând elemente pozitive în cazul tău, față de situația altor persoane.

„Problema mea nici măcar nu e atât de gravă ca a lui Xulescu, care a ajuns să nu mai poată merge din cauza grăsimii și a greutății. Aia înseamnă să fii cu adevărat obez, nu câteva kilograme în plus acolo, pe care le poți da jos oricând."

Sau poate că tratezi cu scepticism domeniul nutriției.

„Consultațiile medicale și doctorii ăștia cu dietele lor minune și poveștile despre mâncat sănătos și stil de viață echilibrat sunt niște prostii inventate pentru reclamă. Eu mă simt foarte bine exact așa cum sunt, nu mă doare nimic, de ce să mă apuc acum să mă stresez inutil?"

Dacă accepți totuși că există o problemă de greutate sau de sănătate legată de alimentație, este posibil să consideri că situația este sub control și că poți să te apuci oricând de o dietă, doar că nu ai chef să faci asta, fiindcă nu este nimic în neregulă dacă mănânci tot ce-ți face plăcere.

„O porție de cartofi prăjiți n-a omorât pe nimeni, doar nu mănânc în fiecare zi."

„Bunicul mânca zilnic slănină cu ceapă, bea mereu câte o țuică înainte de masă, și n-a avut nicio problemă de sănătate până la 80 de ani, când a murit de moarte bună."

„Bunica nu știa de calculator și cântar, trei mese fixe pe zi, socotit caloriile și cântărit porțiile. N-am cunoscut-o altfel decât la 100 de kilograme și uite că a trăit bine-mersi până la 90 de ani."

„Unchiul meu, care nu mânca nimic aiurea, era foarte atent la alimentație și a făcut mereu sport, a murit pe neașteptate de accident vascular cerebral, așa că de ce să mă mai chinuiesc, dacă tot o să mor odată? Decât să mor slab și nefericit, mai bine mor sătul, gras și fericit."

Este foarte posibil, pe de altă parte, să simți presiunea tuturor lucrurilor care apasă pe umerii tăi, astfel încât să ajungi să crezi că responsabilitatea corectării stilului tău de viață nu îți revine ție, nu depinde de tine, iar alegerile tale alimentare nepotrivite se datorează familiei, serviciului, anturajului, colegilor, societății etc.

„Cu niște copii atât de năzdrăvani ca ai mei, nu e de mirare că ajung să mănânc numai la miezul nopții. Până ne adunăm cu toții acasă, până le dau tuturor să mănânce, până facem lecțiile, până strâng în urma lor, până adorm, nu am timp să mă gândesc la mine."

„Am un program infernal, nu îmi rămâne timp nici măcar să merg la baie, darămite să mă așez la masă să mănânc și să mai și mestec pe îndelete, asta e de-a dreptul imposibil!"

„Soțul meu nu mă ajută deloc, mereu ajunge târziu acasă și insistă să mâncăm împreună, plus că îi place mâncarea grasă, tradițională. Iar copiii mă roagă mereu să le fac dulciuri, sunt și eu om și nu mă pot abține. Pe mine nu mă susține și nu mă înțelege nimeni; pur și simplu nu sunt în stare să gătesc câte trei feluri de mâncare diferite, și pentru soț, și pentru copii, și pentru mine de dietă!"

„Cum să ies la masă cu șeful sau cu partenerii de afaceri și să mă uit la ei cum mănâncă și beau ce vor, iar eu să ronțăi trei frunze de salată, că țin dietă?! Așa ceva nu voi putea face niciodată și mi se pare chiar aiurea!"

„Colegii mei comandă pizza la birou, vin cu zacuscă, salate cu maioneză, sosuri și gustări sățioase. Fiecare aduce câte ceva de-ale gurii de acasă și mâncăm la comun. Cum să fiu eu singura persoană care nu respectă obiceiul?“

În acest moment, probabil că nu ai suficiente informații și exemple concrete despre efectele nocive ale obiceiurilor tale și despre riscurile care planează asupra propriei sănătăți. Nu este de mirare că eviți să citești articole, cărți, opinii despre obezitate, boli de inimă, diabet, cancer sau alte stări și afecțiuni asociate cu alimentația nesănătoasă și cu un stil de viață haotic.

Este clar că încă nu ai descoperit niciun beneficiu real și suficient de convingător pe care l-ai putea obține dacă ți-ai schimba dieta sau obiceiurile alimentare ori dacă ai începe să faci mișcare. „Așadar, ce sens are să fac un efort?“ sau „De fapt, eu nici măcar nu am atât de mare nevoie să slăbesc!“ vine imediat concluzia, care este îndreptățită oarecum în acest context.

Deși poate conștientizezi că ai obosi mai puțin, ai dormi mai bine sau ai putea găsi și purta mai ușor hainele potrivite și preferate, odată ce te vei debarasa de câteva kilograme, nu consideri că toate acestea merită efortul de a te supune la ceea ce acum pare un chin nesfârșit, adică la dietă. E mult mai important pentru tine să te bucuri de libertatea de a lua din frigider sau de a comanda orice îți dorești, la orice oră ți-e poftă, fără să trebuiască să te abții de la nimic din ceea ce îți face plăcere. Categoric, se poate spune că acum dezavantajele scăderii ponderale cântăresc mult mai greu pentru tine decât avantajele ei.

„*Persoana cu o atitudine negativă stăruie asupra problemelor.*
Persoana cu o atitudine pozitivă se concentrează pe soluții.
Persoana cu o atitudine negativă se concentrează pe ceea ce îi lipsește.
Persoana cu o atitudine pozitivă este
recunoscătoare pentru lucrurile cu care a fost înzestrată.“

Jeff Keller

Pe de altă parte, este posibil să te afli în acest stadiu al schimbării după ce de-a lungul timpului ai mai încercat să slăbești, dar te-ai întors de fiecare dată în același punct: nu ai mai putut să respecți dieta și te-ai îngrășat la loc, ajungând să cântărești poate chiar mai multe kilograme decât aveai la începutul dietei. Într-o astfel de situație, este firesc să te gândești că e ceva în neregulă cu conceptul de cură de slăbire și să te mulțumești să rămâi pur și simplu așa cum ești.

„De ce să mă mai chinuiesc cu dietele, dacă până la urmă ajung tot aici?!"

În cazul în care totuși ai apelat la ajutorul unui medic nutriționist, cel mai probabil ai făcut-o doar de dragul acelor membri ai familiei sau prieteni care te-au bătut la cap. Sau pur și simplu ca să le închizi odată gura. După ce s-a diminuat zgomotul de fond, ai revenit la vechile obiceiuri.

Încă nu ai ajuns la linia de start pentru schimbare și parcă nici nu reușești să întrevezi vreo variantă mai bună pe care ar putea să o îmbrace viața ta, ca urmare a stilului de viață pe care ar trebui să îl adopți, așa cum ți se tot spune sau sugerează. Aș vrea să te asigur că este absolut în regulă. Nu este nimic greșit sau nepotrivit în ceea ce te privește. Fiecare persoană pe care o admiri pentru realizările ei fantastice a fost cândva în postura în care te afli tu acum. Sunt, însă, câteva lucruri pe care le poți face în acest moment, fără să te împovărezi cu gândul că trebuie să muți munții din loc, dacă încă nu simți că ai puterea necesară să faci asta.

Ai încredere în instinctele tale.

Câtă vreme ne-am întâlnit aici, între paginile acestei cărți, înseamnă că undeva, în adâncul tău, au încolțit curiozitatea și curajul. Încrederea în sine este un instrument extrem de prețios, de care vei avea mare nevoie atunci când vei dori să pornești în călătoria către schimbare.

Nu te învinovăți.

Acceptă-ți opțiunile de moment și nu te învinovăți din cauză că încă nu ai început un program organizat de slăbit sau nu ai reușit să-l duci la bun sfârșit. „Cine este vinovat pentru situația mea?" este ultima dilemă care ar trebui să te preocupe. Dacă vei lua vina asupra ta, nu vei face altceva decât să investești timp și energie fie pentru aprofundarea acestui sentiment, fie pentru demontarea lui. De fapt, atribuirea vinei nu are nicio relevanță pentru starea ta actuală și nici nu te ajută să accesezi potențialul de schimbare care sigur există în interiorul tău.

Caută-ți fericirea în afara farfuriei.

Concentrează-te asupra preocupărilor care-ți fac plăcere și nu au legătură cu mâncarea.

Aș vrea să aduc aici în discuție o provocare specială cu care mă întâlnesc frecvent în cabinet. Îngrijorate și speriate pe bună dreptate, multe persoane vin să mă roage să îi ajut pe cei dragi de acasă care au suferit recent un infarct, au fost diagnosticați cu diabet ori au trecut printr-o internare sau o intervenție chirurgicală complexă, și care „nu vor, nu înțeleg, nu conștientizează" că se impune să facă o schimbare în stilul lor de viață și în obiceiurile alimentare care i-au adus față-n față cu boala. Este vorba despre rudele sau apropiații celor care se află în stadiul de precontemplare incipient, adică nu acceptă sub nicio formă faptul că trebuie să schimbe anumite comportamente pentru a-și proteja sănătatea și chiar viața. Cu lacrimi de durere și neputință în ochi, acești oameni îmi explică cât de greu este să îi convingă pe cei dragi să se schimbe, „măcar acum, în ceasul al doisprezecelea".

> „*Nimeni nu va crede în tine până nu vei începe tu însuți să crezi în tine.*"
>
> Robin Sharma

Atunci încerc să le explic interlocutorilor mei că decizia de schimbare nu poate veni decât de la cel în cauză, iar tot ceea ce putem face noi, cei din jur, este să îl susținem și să îl încurajăm să facă schimbări oricât de mici, dar constante. Fără îndoială, este unul din cele mai grele momente din viața mea de medic. Certurile, amenințările, discuțiile și reproșurile zilnice despre atitudinea negativistă – pe care de cele mai multe ori o au acești pacienți – nu fac altceva decât să le crească rezistența la schimbare.

Așadar, dacă ești în această situație, dacă cineva din familie nu vrea să schimbe nimic în stilul său de viață, nu urmează tratamentul și nici recomandările medicilor, deși este absolut necesar, chiar vital, să facă asta, recomandarea mea este să încetezi să îi mai atragi atenția asupra a ceea ce *nu* face. Lasă-i un pic de spațiu. Schimbarea este în sine o încercare destul de greu de dus, iar dacă o amplifici prin presiuni suplimentare s-ar putea să faci mai mult rău decât bine. Pe principiul „mai binele este dușmanul binelui", fă un efort să înțelegi că îi este foarte dificil să accepte că trebuie să renunțe la vechile obiceiuri.

Abordează o atitudine blândă.

Arată-ți susținerea necondiționată și încearcă să îi adresezi, cu multă înțelegere și compasiune, setul de întrebări de la următorul nivel, lăsându-i timp să gândească, să proceseze întrebările și să ajungă pe cont propriu la răspunsurile potrivite. Te asigur că aceasta este singura variantă prin care poți mișca un nehotărât din locul în care se simte blocat.

Abține-te de la amenințări, critici și judecăți.

Instinctul îți spune să faci apel la argumente logice și să ții predici nesfârșite despre beneficiile evidente ale slăbitului. Apare tentația puternică de a atenționa, a învinui, a ridiculiza sau a eticheta. Încetează să îi mai spui ce ar trebui să facă. Mai degrabă sondează și descoperă unde s-au produs blocajele, care sunt temerile, fricile sau frustrările care nu-i dau pace. Întreabă cu ce poți fi de ajutor, care sunt nevoile și așteptările pe care le are.

Fii un sprijin constant și implicat.

Acționează cu multă răbdare, căci doar așa poți scoate un alt suflet din capcana în care s-a împotmolit. Marele adevăr este că se simte prins într-o cursă și captiv în corpul de care nu știe cum să aibă grijă. Nu opune rezistență din reavoință. Frica și neputința sunt emoții pe care ne este foarte greu să recunoaștem că le avem și pentru care nu ne simțim confortabil să cerem ajutorul. Cel puțin în primă fază.

TERGIVERSAREA SCHIMBĂRII SAU STADIUL CONTEMPLATIV

Nu este deloc simplu să depășești prima etapă a schimbării, aceea de negare și chiar împotrivire. Mă bucur, însă, că îți pot da o veste cât se poate de bună, confirmată și răs-confirmată pe tot parcursul activității mele profesionale.

Stadiul contemplativ le poate fi accesibil tuturor celor care fac un scurt exercițiu perfect rațional și conștient. Tu nu ești greutatea ta și nici boala sau diagnosticele tale de pe biletul de externare. Pe tine nu te definesc nici centimetrii din talie, nici kilogramele afișate de cântar și nici valorile analizelor de laborator. Problemele tale de greutate și de sănătate sunt rezultatul modului în care acționezi, nu al felului tău de a fi.

> ” *Nu cred că există altă calitate la fel de importantă pentru succesul de orice fel cum este calitatea de a fi perseverent. Ea depășește aproape orice, chiar și natura umană.* “
>
> John D. Rockefeller

Acest tip de raționament îți oferă avantajul neprețuit al unei perspective mult mai obiective și mai detașate emoțional. Este ca și cum până în acest moment ai fi încercat să descifrezi ceea ce este scris pe o hârtie pe care o ţineai lipită de ochi. Nu este de mirare că s-a dovedit o misiune imposibilă şi că interpretările pripite te-au indus în eroare. Pe măsură ce îndepărtezi acea hârtie, începi să înţelegi implicaţiile reale şi îţi dai seama despre ce este vorba. Am ales această formulă metaforică pentru a-ţi explica mecanismul detaşării de o problemă stringentă căreia îi cauţi rezolvarea.

Te invit să parcurgi punctele de mai jos pentru a descoperi dacă te afli în stadiul contemplativ.

Conştientizezi că ai o problemă.

Dacă nu o dată ţi-a răsunat în minte fraza „Cred că ar trebui să slăbesc şi să am mai multă grijă de sănătatea mea", înseamnă că deja ai acceptat că ai o problemă cu greutatea şi că iei în considerare posibilitatea de a face ceva – chiar dacă încă nu ştii exact ce – pentru a o diminua. Nu ai încă niciun plan concret pentru renunţarea la surplusul de kilograme, dar nu excluzi varianta de a te apuca la un moment dat de slăbit. La anul, la primăvară, de luni, de la întâi ori după ziua ta. Important este că te gândeşti la această variantă.

Te străduieşti să înţelegi problema cu care te confrunţi.

Faci eforturi pentru a te informa în detaliu cu privire la problema pe care o ai şi pentru a descifra cauzele care stau la baza ei. Înţelegi că scăderea în greutate îţi poate aduce beneficii. De asemenea, te documentezi cu privire la consecinţele care ţi-ar putea îngreuna situaţia, în cazul în care nu ai schimba nimic.

AMINTEŞTE-ŢI!

Este momentul potrivit pentru a parcurge capitolul „Obezitatea – balaurul cu 13 capete" din cartea *Capcanele dietelor. Dietă pe viaţă sau stil de viaţă?*, dacă nu ai făcut deja acest lucru.

Vorbeşti deschis despre problema ta.

Posibilităţile de tratament şi rezolvare intră acum în sfera ta de interes. Nu te sfieşti să discuţi cu apropiaţii tăi, iar curiozitatea şi interesul te determină să explorezi variantele de tratament pe care le-au încercat alte persoane aflate în situaţii similare, care au reuşit apoi să-şi atingă ţelul propus.

Deşi aceasta este etapa în care informaţiile ajutătoare au găsit o modalitate de a-şi face loc printre preocupările tale, este încă foarte puţin probabil să acţionezi în sensul acesta. Într-o măsură deloc neglijabilă, încă te îngrijorează dezavantajele pe care le presupune angajarea concretă într-un program de slăbit. Motto-ul tău pare să fie: „Câtă vreme încă ai dubii, nu face nicio schimbare". Te simţi comod în rolul pasiv şi nu simţi impulsul de a face un angajament ferm în vederea schimbării comportamentului tău alimentar. Gândirea abstractă şi planurile nesfârşite prevalează în faţa disponibilităţii pentru acţiune.

Funcţionezi mai degrabă pe modul amânare: „La un moment dat, o să încep să am grijă să mănânc mai sănătos şi o să mă apuc să fac şi mişcare". Intenţia mea nu este nici să te sperii, nici să îţi forţez mâna, dar ia în considerare faptul că acest tipar de gândire de planificare fără acţiune te poate bloca în stadiul contemplativ chiar şi mai mulţi ani. Asigură-te că ai înţeles, în amploarea lor, riscurile la care te supui dacă vei rămâne în continuare la aceeaşi greutate. Cu adevărat important este să stabileşti legătura dintre obiceiurile tale alimentare şi ceea ce îţi indică centimetrul şi cântarul.

Există, însă, câteva lucruri pe care le poţi face pentru a te simţi mai bine, sporindu-ţi încrederea în propriul potenţial de schimbare. Paşii mici, dar siguri, te pot conduce către următorul nivel – nu sunt recomandate salturile abrupte nici în această fază. Îţi recomand în acest sens unul din cele mai frumoase exerciţii pe care le fac frecvent cu pacienţii mei. Datorită revelaţiilor pe care le aduce, Balanţa decizională se dovedeşte de fiecare dată un instrument magic. Am inclus-o şi în prima mea carte, pentru a-i ajuta pe cititori să înţeleagă de ce amână schimbarea stilului de viaţă actual şi unde trebuie să intervină pentru a face posibilă această schimbare.

RĂSPUNDE SINCER!

Meditează asupra comportamentului actual, încercând să conştientizezi lucrurile pe care le-ai putea schimba pentru a ajunge la starea de bine şi confort. Completează avantajele şi dezavantajele obiceiurilor tale alimentare, plus avantajele şi dezavantajele ce pot deriva din efortul de schimbare a acestora.

1. Ce avantaje ai dacă nu faci nicio schimbare în dietă şi în stilul tău de viaţă? (De exemplu: eviţi un stres pe care îl consideri inutil, ai mai mult timp liber etc.)

___

___

___

2. Care sunt cele mai rele lucruri care ţi s-ar putea întâmpla dacă nu slăbeşti?

___

___

___

3. Care sunt avantajele scăderii în greutate sau ale modificării stilului tău de viaţă actual?

___

___

___

4. Care ar fi cele mai bune lucruri care ţi s-ar putea întâmpla dacă vei slăbi?

___

___

___

5. Care sunt cele mai bune rezultate pe care ţi le poţi imagina, dacă vei duce la capăt planurile de schimbare?

___

___

___

6. Ce ai putea pierde, la ce ar trebui să renunţi, ce ai risca dacă ai slăbi?

___

___

___

ANGAJAREA ÎN SCHIMBARE SAU STADIUL DE PREGĂTIRE

Din locul în care stau eu acum, observând paşii pe care i-ai parcurs, se văd deja schimbările pe care le-ai făcut şi se întrevede un plan de bătaie, dar pot înţelege şi doza de anxietate care te însoţeşte în acest moment esenţial al schimbării pe care ţi-ai asumat-o.

Practic, ai luat deja decizia de a porni pe drumul îndeplinirii unui obiectiv la care altădată poate că doar visai. Aduni cu mult interes recomandări nutriţionale, informaţii medicale şi strategii psihologice care te pot susţine în procesul de schimbare, ceea ce este minunat, căci vei avea mare nevoie de ele ca să-ți continui și respecți drumul propus.

Știi vorba aceea „Orice problemă recunoscută este pe jumătate rezolvată"? Începând cu etapa anterioară, ai reușit să identifici mult mai clar care sunt provocările cu care te confrunți: „E posibil să am o dependență de dulciuri", „Îmi dau seama că mănânc prea mult seara", „Nu reușesc să mai fac deloc mișcare". Continui să îți evaluezi problemele de greutate, în raport cu resursele de care dispui pentru soluționarea acestora. Noutatea absolută este reprezentată de faptul că deja reușești să te orientezi din ce în ce mai mult spre viitor, renunțând la resorturile care te blocau în neputința și nemulțumirea care ți-au marcat trecutul.

> „*Peste 20 de ani vei fi dezamăgit din cauza lucrurilor pe care nu le-ai făcut, nu din cauza celor pe care le-ai făcut.*"
>
> Mark Twain

Schimbarea a încetat să mai fie o noțiune abstractă și s-a transformat într-un cumul de intenții și eforturi coerente, cu finalitate concretă. Ai testat deja câteva sfaturi de dietă și ai pus în aplicare primele trucuri de integrare a activității fizice în programul tău zilnic. Aceste prime acțiuni pot fi considerate deja parte a schimbării, câtă vreme au capacitatea de a-ți scădea greutatea. Spre exemplu, este posibil să fi început deja să te împrietenești cu mersul pe jos, iar monitorizarea alimentației a devenit un obicei constant. Nu este exclus ca în această etapă să fi încercat și să fi renunțat deja la o cură de slăbire.

Așa cum simpla întocmire a listei de obiective de Anul Nou nu ne poate garanta îndeplinirea rezoluțiilor cu care pășim într-o nouă etapă, nici momentul deciziei nu este suficient pentru a garanta succesul programului de slăbit. De fapt, nici măcar debutul acestuia nu este sigur. Există riscul să fi luat o decizie fermă, dar să temporizezi lucrurile, amânând-o pentru luni, pentru weekend-ul viitor, pentru luna următoare. Este adevărat că termenul pe care îl iei în considerare este mult mai apropiat şi mai bine definit decât cel din etapele trecute, dar mai ai nevoie de ceva pentru a împinge definitiv lucrurile pe făgaşul schimbării.

Exprimă-ţi angajamentul de a slăbi.

Spune-le persoanelor dragi că ai luat decizia de a-ţi proteja sănătatea. Nu te sfii să recunoşti faţă de tine sau faţă de cei apropiaţi, implicaţi în decizia ta, temerile, fricile şi dilemele pe care le ai. Nu ai cum să le depăşeşti şi să le învingi dacă nu ai curajul de a le privi direct în faţă, dacă nu vorbeşti deschis despre ele şi despre eşecurile anterioare.

Setează-ţi aşteptări realiste.

În acest sens, pune la cale un plan care să îndeplinească trei condiţii esenţiale: să fie rezonabil, accesibil şi eficient. Ai grijă ca obiectivul tău să se încadreze în standardele S.M.A.R.T., aplicând strategia care îţi arată cum să îţi stabileşti corect obiectivele.

AMINTEŞTE-ŢI!

Reciteşte finalul Capitolului 3 din *Capcanele dietelor. Dietă pe viaţă sau stil de viaţă?*.

Aşteptările de tipul „Pot să slăbesc oricând vreau, foarte repede" sau „Pentru mine, slăbitul nu va presupune niciun efort" nu se confirmă, din păcate, nici în 0,1% din cazuri. Iar consecinţele adoptării unei astfel de mentalităţi sunt cât se poate de frustrante. Odată ce realitatea îţi va oferi varianta ei atât de îndepărtată de proiecţiile tale, te vei trezi într-o mare de deznădejde.

În astfel de momente, păleşte şi motivaţia de a relua încercările de schimbare a comportamentelor alimentare nesănătoase. Conştientizează din start că procesul slăbitului presupune implicare, organizare, disciplină, pe alocuri chiar eforturi susţinute, şi modelează-ţi aşteptările în perfect acord cu situaţiile cărora va trebui să le faci faţă.

Setează momentul exact la care vei începe să implementezi acest plan. Uneori, circumstanţele vieţii sunt prielnice pentru susţinerea unei diete de pierdere în greutate, alteori nu. Şansele de reuşită cresc dacă alegi să acţionezi în momentul potrivit, iar factorii care te pot ajuta să îţi dai seama de acest lucru sunt: starea mentală, motivaţia, contextul exterior.

„*Fă ceea ce poţi, cu ceea ce ai, acolo unde eşti.*"

Theodore Roosevelt

Dacă mâine este ziua ta de naştere, oricât de contraindicată ar fi tergiversarea perspectivei de schimbare, înţelept ar fi să nu îţi impui să te abţii de la tort în mijlocul petrecerii. De asemenea, nici Crăciunul, Paştele sau concediul de vară pe care l-ai aşteptat tot anul nu sunt momentele ideale pentru marele început. Sunt însă minunate pentru a implementa şi testa strategii de menţinere, astfel încât, în momentul în care începi procesul de slăbit, să nu porneşti de la valori alarmante ale greutăţii.

Nu vreau să îţi subevaluez ambiţia ori capacitatea de a pune în practică decizia luată, dar alegerea unui moment sensibil se poate transforma apoi într-o scuză pentru eşecul planului de schimbare. În afara exemplelor menţionate, nu există moment mai potrivit pentru schimbare decât cel de faţă. Documentează-te cu privire la modul în care ai putea ţine sub control diversele neplăceri pe care problemele de greutate ţi le cauzează în prezent.

AMINTEȘTE-ȚI!

Capitolul „Cum să slăbești și să te menții mâncând orice“ din cartea mea *Capcanele dietelor. Dietă pe viață sau stil de viață?* îți explică pe îndelete cum poți să mănânci orice poftești în concedii, la restaurant sau la petreceri, fără să se cunoască a doua zi pe cântar. În plus, vei găsi o serie de sfaturi practice, foarte ușor de aplicat, în privința modului în care mișcarea ponderată și hidratarea corespunzătoare se pot transforma în doi aliați de nădejde.

Nu se impune să faci niciun efort pentru a-ți reorganiza programul sau compoziția meselor dacă începi să mergi pe jos zilnic 5 minute, crescând apoi treptat timpul dedicat plimbărilor cu câteva minute în fiecare dintre zilele ulterioare. De asemenea, te poți asigura că te hidratezi corect, bucurându-te de sugestiile de ceaiuri aromate sau de trucurile pentru respectarea cantității de lichide recomandate pentru consumul zilnic.

IMPLEMENTAREA SCHIMBĂRII SAU STADIUL DE ACȚIUNE

Schimbarea propriu-zisă a comportamentului alimentar este, fără îndoială, plină de provocări, dar dacă ai ajuns în acest stadiu, ești deja în plină transformare. Felicitări, ți-ai depășit limitele, ți-ai activat resursele interioare și ți-ai demonstrat că ai puterea de schimba lucrurile în bine! Ai luat decizia că a venit momentul să treci la acțiune. Continuă să îți dedici timpul și energia implementării schimbărilor pe care ți-ai propus să le faci în dietă și în programul tău de mișcare.

„ *Dacă nu poți zbura, aleargă; dacă nu poți alerga, mergi;*
dacă nu poți merge, târăște-te.
Dar orice ai face, trebuie să te miști tot înainte. “

Martin Luther King Jr.

Chiar dacă te confrunți adesea cu pofte alimentare intense, amintește-ți că ești în mijlocul acelei perioade critice a schimbării, care durează cel puțin șase luni. De ce este critică? Fiindcă eforturile tale din această fază reprezintă garanția faptului că nu vei renunța pe viitor la programul de control al greutății, diminuând riscul de a te îngrășa la loc. Majoritatea obiceiurilor alimentare nocive țin deja de domeniul trecutului, însă, pe lângă consolidarea noilor alegeri, mai sunt câteva lucruri pe care le poți face pentru a te menține pe drumul schimbării.

Continuă procesul de autocunoaștere.

Este posibil ca kilogramele în exces și obiceiurile alimentare care le-au adăugat să fie doar simptome ale unei probleme de stil de viață. De exemplu, se poate întâmpla să ai o alimentație corectă și sănătoasă în timpul zilei, dar care se transformă în scrum seara, căci după ce ajungi acasă de la serviciu, te recompensezi și te relaxezi mâncând excesiv. Acest obicei alimentar nocturn poate fi, de fapt, un simptom al manifestării unei emoții negative din viața ta, cum ar fi stresul de la locul de muncă. Trebuie să îți asumi sarcina de a găsi alte mijloace decât mâncarea prin care să depășești sau să diminuezi nivelul de stres (sau alte emoții negative). Capitolele următoare îți vor oferi o multitudine de informații și recomandări pentru astfel de situații.

Monitorizează progresele pe care le-ai făcut.

Analizează fiecare schimbare pe care ai reușit să o transformi în realitate, folosind experiența pozitivă acumulată pentru a-ți spori încrederea în forțele proprii. Călătoria este încă la început. Revizuiește-ți planul de scădere în greutate, dacă este necesar. Asocierea acestei etape cu eforturi supraomenești nu va face altceva decât să te condamne, pe termen lung, la recădere în vechile obiceiuri alimentare. Amintește-ți ancorele motivaționale care te-au trimis pe acest drum al schimbării și consolidează-le, pentru a-ți menține hotărârea și în perioadele dificile. Restul aspectelor vieții – familia, cariera – nu intră în pauză pentru ca dieta să meargă conform planului, așa că va trebui să jonglezi cu mai multe provocări în același timp.

„Oamenii spun de multe ori că nu reușesc să își păstreze nivelul de motivație. Ei bine, nici efectele dușului nu sunt eterne – de aceea este recomandat zilnic!"

Zig Ziglar

CONSOLIDAREA SCHIMBĂRII SAU STADIUL DE MENȚINERE

Acum încetăm să mai vorbim despre dietă și deja trecem pe un tărâm mult mai vast, cel al stilului de viață sănătos. Nu întâmplător am analizat industria curelor de slăbire din perspectiva capcanelor pe care le ascunde. Adevărata provocare nu este aceea de a ține o dietă pe termen scurt sau mediu, ci aceea de a reuși să te menții la greutatea optimă o perioadă extinsă, în mod ideal toată viața.

În această etapă este nevoie să continui să pui în aplicare strategiile care ți-au adus reușitele semnificative din stadiul anterior. Acum este firesc să-și facă apariția frica de a te îngrășa la loc, dar și frica de a schimba ceva la programul pe care l-ai urmat în ultimele luni. Există riscul să ajungi la extrema opusă celei din care ai pornit, respectiv să îți impui un stil de viață excesiv de rigid și de structurat. Îți poate fi greu să accesezi acea nuanță de flexibilitate care conferă naturalețe și durabilitate noilor obiceiuri, de teamă că orice schimbare poate avea drept consecință acumularea kilogramelor în plus.

Pe de altă parte, ai mult mai multă încredere în tine și în puterea ta de schimbare. Ți-ai demonstrat deja că poți rezista la provocările alimentare nepotrivite care îți ies în cale. Riscul de a te îngrășa nu dispare niciodată, dar a sporit capacitatea ta de a jongla cu poftele.

Construiește o relație frumoasă cu propria persoană.

Paradoxal, experiența mi-a arătat că acesta este unul din sfaturile cel mai greu de urmat dintre toate cele pe care le ofer pacienților mei. Se pare că avem resurse infinite de îngăduință și toleranță pentru persoanele dragi nouă, dar izvorul seacă imediat ce vine vorba despre noi înșine. Nu uita, de fapt tu ești cea mai importantă persoană din viața ta, deci meriți același tip de tratament binevoitor, mai ales din partea ta! Dacă starea care te caracterizează acum în raport cu problemele tale de greutate este indecizia, nu duce o luptă cu tine. Acceptă ceea ce simți. Păstrează ancorele motivaționale care te-au însoțit până în acest punct al evoluției tale și adaugă-le unele noi, corespunzătoare acestei etape din viața ta.

„*Oamenii care cred că pot muta munții din loc îi mută.*
Oamenii care nu cred că-i pot muta nu-i mută.
Încrederea atrage după sine capacitatea de a face un lucru."

David J. Schwartz

Folosește-ți vocea interioară pentru încurajări constante.

Tu ești, de departe, cel mai dur critic al tău, dar, pentru a putea duce la capăt cu succes planurile de îmbunătățire a stării de sănătate și a imaginii corporale, va trebui să găsești o modalitate de a te transforma în cel mai mare susținător al tău. Privește-ți cu mândrie progresele! Vocea din interiorul tău care să recite repertoriul format din directive, amenințări, atenționări, critici sau învinuiri nu va reuși altceva decât să demonteze una câte una toate ancorele motivaționale pe care te-ai străduit să le construiești. Schimbările durabile în bine se produc pe fondul conștiinței curate și limpezi, nu în mijlocul furtunii create de sentimentul de vinovăție, dezgust sau dezaprobare față de propria persoană.

PROVOCĂRILE SCHIMBĂRII SAU STADIILE DE RECĂDERE ŞI REVENIRE

Procesul de scădere în greutate nu este nici liniar, nici unidirecţional. Cu alte cuvinte, este posibil să treci de mai multe ori prin anumite etape, deoarece evoluţia sub formă de spirală reprezintă cel mai întâlnit tipar al schimbării. Ţi se poate întâmpla ca recăderea să intervină în momentul în care te afli în stadiul de acţiune. Recidivele alimentare te conduc astfel direct în etapa anterioară, a pregătirii.

Pe de altă parte, odată încheiată perioada aferentă implementării noilor obiceiuri alimentare (care durează de obicei minimum şase luni), nu este exclus să te copleşească poftele şi să calci strâmb în etapa de menţinere. De asemenea, recăderile pot surveni în etape succesive. Este firesc şi se întâmplă adesea să apară momente dificile în care să oboseşti să mai ţii dietă, să nu reuşeşti să mai faci atât de multă mişcare pe cât ţi-ai dori, să simţi atracţia din ce în ce mai puternică faţă de alimentele „interzise", ori pur şi simplu să te acapareze problemele de zi cu zi, iar scăderea în greutate să înceteze să mai reprezinte o prioritate pentru tine.

> *Eşecul este doar oportunitatea de a o lua de la capăt, de data aceasta într-un mod mai inteligent.*
>
> Henry Ford

În astfel de situaţii, nu lipsa de exerciţiu este problema, fiindcă ştii că ai deja resursele necesare pentru a mânca echilibrat şi sănătos. Emoţiile negative sunt cele care te pot induce în eroare în privinţa capacităţilor tale. Secretul este să îţi realimentezi bateriile cu încredere de sine, iar capitolele următoare îţi vor oferi o multitudine de soluţii concrete în acest sens. Dar ştii deja vorba mea preferată în astfel de situaţii, pe care ţi-o reamintesc, căci va fi plasa ta de siguranţă în momentele grele: „Nu contează de câte ori cazi, contează de câte ori te ridici".

Concentrează-te asupra obiectivelor tale și reconectează-te la avantajele pe care ți le oferă scăderea în greutate, bazându-te pe resursele pe care le-ai consolidat în timp. De câte ori îți este greu și îți dă târcoale gândul de a abandona programul de slăbit, te sfătuiesc să revii la acest capitol și să reintri în contact cu tine așa cum erai la momentul începerii programului de slăbit, când ai decis că merită să faci o schimbare în viața ta, pentru a-ți îmbunătăți starea de sănătate.

> ” *Toată lumea știe că anumite lucruri sunt irealizabile, până când vine cineva care nu știe acest lucru și le realizează.* “
>
> Albert Einstein

Apelează și la izvorul de motivație care ți-a hrănit din start eforturile și vei reuși să revii pe drumul dorit. Pe de altă parte, conștientizează și că motivația de început, cea care a declanșat schimbarea, nu este neapărat și cea care te va ajuta să mergi mai departe pe acest drum. Cum poți să îți reactivezi sau să îți actualizezi motivația, pentru a continua procesul de schimbare? Cât se poate de simplu!

RĂSPUNDE SINCER!

Atunci când îți este cel mai greu și nu reușești să te mai aduni să faci ceea ce știi că ți-ar aduce beneficiile dorite, răspunde la întrebările de mai jos. Recitește, revizuiește și completează la zi răspunsurile de fiecare dată când ai o recădere.

1. Ce câștigi dacă te oprești acum din procesul de slăbit?

____

____

2. Ce pierzi dacă te oprești acum din programul de slăbit?

____

____

3. Ce ai de câştigat dacă vei continua să ai grijă la ce şi cum mănânci?

4. Ce ai de pierdut dacă te străduieşti în continuare să slăbeşti?

Capitolul 2

SLĂBITUL: O PROVOCARE FIZICĂ SAU MENTALĂ?

Vei ști că ești pe drumul cel bun atunci când vei privi obstacolele ca pe niște lecții, nu ca pe niște piedici.

O PRIVIRE ÎN PROFUNZIME ASUPRA NEVOILOR NOASTRE

După ce am realizat o hartă a procesului de schimbare, în mod special a celui de slăbire, menţinere sau modificare a stilului de viaţă, cu toate urcuşurile, coborâşurile şi cărările lui întortocheate, îţi propun să ne îndreptăm atenţia către faţetele nevăzute ale acestei provocări. Căci nu este suficient să îţi pui în farfurie alte alimente decât de obicei, iar schimbarea dorită să funcţioneze pe termen lung. Pregăteşte-te, aşadar, pentru o aventură care să te poarte, pas cu pas, către nivelurile din ce în ce mai profunde ale sinelui!

„ *Doar cei care riscă să meargă prea departe vor afla cât de departe pot ajunge.* "

T.S. Elliot

Probabil te gândeşti că afişajul cântarului este singurul nivel de la care ai pretenţia schimbării atunci când vine vorba de slăbit. Din păcate pentru adepţii rezultatelor facile şi rapide, care dispar cât ai zice „dietă", lucrurile sunt mult mai complexe. Dar eu aleg să-ţi propun varianta „din fericire", fiindcă ştiu că îţi doreşti ca schimbarea la care te-ai angajat să fie una durabilă, iar kilogramele pe care le dai acum jos să rămână pierdute pentru totdeauna. Am spus mereu că procesul de slăbit nu este numai despre mâncare, iar dieta nu este decât o piesă de puzzle din ceea ce înseamnă schimbarea stilului de viaţă şi pierderea sănătoasă în greutate. Îţi promit că până la finalul capitolului vei înţelege exact această nouă perspectivă şi va fi mult mai clar unde anume ai de lucrat, la ce nivel şi în ce etapă a schimbării eşti de fapt din punct de vedere psihologic.

Printre marile dileme ale omenirii, probabil pe aceeaşi treaptă cu elucidarea sensului vieţii, se află şi cele privind descifrarea comportamentului uman. Ce ne motivează să facem ceea ce facem? Ce anume ne blochează să facem ceea ce ştim că ar trebui sau ar merita să facem? Care sunt factorii care influențează traseul pe care îl parcurge o persoană de la planul pe care îl schițează către materializarea lui? Ce ne împinge să evoluăm, odată ce nevoile noastre primare sunt îndeplinite? Sau, ca să transpunem în sfera noastră de interes: de ce, odată ce respectăm regulile unei diete de slăbire, nu reușim să ne atingem scopul pe termen lung, iar menținerea siluetei se transformă într-o provocare atât de dificilă – chiar imposibilă – de multe ori?

După o perioadă în care domeniul psihologiei a fost acaparat de tema maladiilor psihice, psihologul american Abraham Maslow, mai puțin preocupat de acest subiect de cercetare din zona patologiei și mai degrabă animat de convingeri umaniste, s-a concentrat asupra resorturilor care stau la baza acțiunilor noastre firești, de zi cu zi, și care ne influențează alegerile de orice fel, inclusiv pe cele alimentare.

Volumul *Motivation and Personality* (1954) a devenit cea mai cunoscută lucrare pe tema nevoilor umane, cel mai probabil datorită abordării atât de simple și clare pe care o propune Maslow. Pornind de la nevoile de bază și ajungând la cele transcendentale, a creat o ierarhie care ne poate ajuta să ne raportăm corect la ceea ce este cu adevărat relevant și implicit să ne facem ordine în gânduri și în viață, atunci când modelul „totul sau nimic" nu mai pare să funcționeze.

Maslow considera că toate nevoile umane sunt dirijate de instinct, dar nu toate sunt la fel de puternice, de aceea le-a aranjat sub forma unei piramide. Astfel, nevoile cele mai importante, și anume cele fiziologice, primare, au fost așezate la baza piramidei, iar cele cu o mai mare însemnătate spirituală și cu un grad mai mare de specificitate se aliniază către vârf.

Nevoile primare, comune atât tuturor oamenilor, cât și animalelor, includ necesitățile fiziologice: hrana, apa, aerul, igiena, somnul, sexul și o temperatura relativ constantă a corpului.

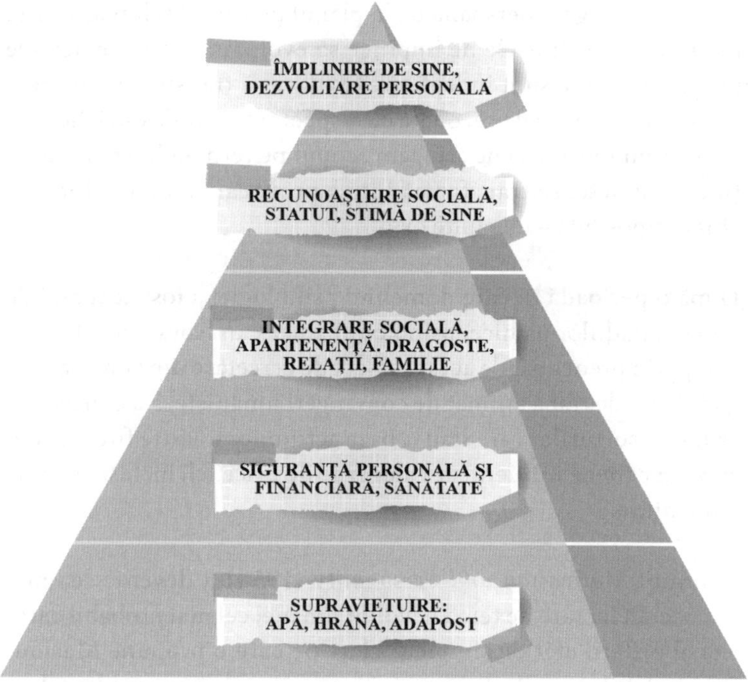

Piramida nevoilor umane, concepută de Abraham Maslow

Odată ce individul își satisface acest nivel de necesități, se poate concentra pe nevoile de siguranță. Acestea au de-a face cu stabilitatea și consistența într-o lume relativ haotică, în continuă schimbare. Ele țin mai mult de integritatea fizică, cum ar fi securitatea casei și a familiei, de siguranța financiară a zilei de mâine.

Urmează apoi nevoia de socializare, de iubire și de apartenență. Aici includem necesitatea de a primi și de a oferi atenție, dragoste, sprijin prietenilor, membrilor familiei sau celorlalți oameni cu care intrăm în contact.

La nivelul al patrulea se clasează nevoia de stimă. Vorbim atât despre recunoașterea venită din partea altor persoane, ce rezultă în sentimente de putere, prestigiu, acceptare, cât și despre respectul de sine, cel care creează sentimentele de încredere, adecvare, competență.

Nevoia cea mai înaltă, cea de autorealizare și dezvoltare personală, corespunde tendinței omului de a-și fructifica la maximum capacitățile, pentru a deveni din ce în ce mai bun, iar eseul *The Further Reaches of Human Nature* al lui Maslow descrie pe îndelete această stare. Ulterior, Maslow a publicat o variantă revizuită a piramidei, situând în vârful acesteia nevoile cognitive (de a cunoaște, de a înțelege și de a explora) și pe cele estetice (de frumusețe, ordine, simetrie).

E suficient să te gândești la cum decurge viața ta ca să înțelegi că o persoană din lumea civilizată nu simte nimic special dacă nevoile de la bază se împlinesc, căci este cât se poate de firesc pentru noi să fie așa, dar se confruntă cu un real disconfort atunci când nu sunt satisfăcute. Amintește-ți doar momentele în care s-a întrerupt alimentarea automată cu apă sau curent electric chiar și pentru câteva minute sau ore... Astfel de situații ne incomodează serios și abia atunci ajungem să apreciem ceea ce până la acel moment era luat „de-a gata", fiind considerat firesc și normal.

> „*Viața nu înseamnă să aștepți să treacă furtuna, ci să înveți să dansezi în ploaie.*"
>
> Vivien Greene

Dar ce legătură au toate acestea cu dietele și cu stilul de viață sănătos? Păi au, și încă una foarte mare! Hai să transpunem în domeniul dietelor discuția despre nevoile bazale, fiziologice, de supraviețuire. Orice cură de slăbire se bazează pe reducerea caloriilor din meniul zilnic, fără de care procesul de pierdere a kilogramelor acumulate în exces nu ar putea să aibă loc. Privarea (parţială) de hrană devine la un moment dat, atât la nivel mental, cât şi fizic, o ameninţare la adresa nevoii noastre primare de supravieţuire.

În consecinţă, corpul fizic reacţionează, adaptându-se la noile condiţii austere, de restricţie calorică, prin scăderea arderilor metabolice, cu scopul de a-şi conserva starea iniţială. Slăbitul nu este o stare fiziologică, ci dimpotrivă, o formă de agresiune (înţelegând prin asta un atac la starea iniţială), resimţită la un moment dat nu doar fizic, ci şi psihic. Iată, aşadar, şi explicaţia pentru care curele de slăbire drastice, prin înfometare, nu dau niciodată – după cum bine se ştie – rezultate pe termen lung: sunt „nefiziologice" şi chiar agresive cu corpul nostru. Cea mai bună variantă pentru a evita această bătălie din start pierdută, după părerea mea, este să alegem să ne hrănim cu o dietă corespunzătoare nevoilor calorice bazale ale organismului, care să satisfacă necesarul zilnic de macro- şi micronutrienţi.

Cum ştim cât anume trebuie să mâncăm pentru a nu depăşi limita sensibilă a înfometării? Cât se poate de simplu, calculându-ne rata metabolică de repaus, adică numărul de calorii pe care corpul are nevoie să le consume în stare de repaus pentru a supravieţui.

Cum ştim ce anume să mâncăm pentru a furniza corpului nostru toţi macro- şi micronutrienţii de care are nevoie ca să-şi conserve o stare optimă de sănătate, chiar şi într-un regim de slăbire?

AMINTEŞTE-ŢI!

Reciteşte capitolul „Cum să slăbeşti şi să te menţii mâncând orice" din *Capcanele dietelor. Dietă pe viaţă sau stil de viaţă?*, căci acolo te aşteaptă o serie de informaţii, sfaturi şi trucuri pentru organizarea meselor, cumpărături inteligente şi gătit.

În ceea ce priveşte nevoia de siguranţă şi securitate personală, la un moment dat procesul de slăbire poate fi perceput ca o amenințare la adresa sănătății. Nu o dată mi s-a întâmplat ca pacienții supraponderali să se blocheze în timpul dietei, de teamă că dacă vor slăbi prea mult se pot îmbolnăvi. De fapt, asocierea dintre a mânca puțin și îmbolnăvirea iminentă este una dintre cauzele îngrășării. Într-un capitol următor, voi detalia modul în care credințele personale limitative interferează cu comportamentul alimentar și îți voi arăta cum le poți reprograma pentru a funcționa în favoarea ta. La modul ideal, ar trebui să înțelegem cu toții că greutatea sănătoasă și stilul de viață echilibrat reprezintă garanții că organismul este în siguranță, la adăpost de bolile și problemele cauzate de obezitate.

Nevoia de iubire și apartenență socială este unul dintre aspectele cu dublu tăiș implicate în procesul schimbării. Pe de o parte ne dorim să fim acceptați și iubiți de cei din jur, pe de altă parte perpetuăm obiceiurile alimentare gurmande cu ocazia diverselor evenimente sau a întâlnirilor cu prietenii și familia. De dragul socializării sau chiar de rușine să nu facem notă discordantă, cădem adesea în capcana mâncatului social, consumând mâncăruri care nu sunt deloc bune prietene cu cântarul sau centimetrul.

Nevoia de recunoaștere socială, de faimă, de a ne impune în fața altor oameni, de a conduce și a fi lider este poate una din cele mai ascunse și mai greu de acceptat deschis, însă este intrinsecă împlinirii umane și profesionale complete. Aspectul fizic plăcut și o siluetă armonioasă, suplă, sunt trăsături pe care le asociem cu succesul. Am întâlnit, însă, și persoane ale căror convingeri se plasează la polul opus; deși trebuia să slăbească din cauza problemelor pe care i le cauza diabetul, una dintre pacientele mele ezita să facă pasul decisiv spre schimbare, de teamă că slăbind își va pierde din autoritatea pe care o câștigase în mediul ei profesional, populat în mare parte de bărbați.

Referitor la nevoile de creștere, lucrurile stau diferit: nu au același caracter stringent și nici nu dispar odată ce sunt satisfăcute, ci motivează individul să se dezvolte în continuare. În sfera dietelor, acest nivel poate fi asociat cu decizia de a-ți îmbunătăți permanent stilul de viață, nu numai pentru a-ți păstra starea optimă de sănătate fizică, ci și pentru a accesa mai multe izvoare de energie, creativitate și iubire.

Ideal este să le conștientizăm și să ne ocupăm rând pe rând de toate de nevoile, plecând de la baza piramidei, pentru a reuși să ajungem fericiți și împliniți acolo unde ne-am propus. Dar magia schimbării reale, care vizează nivelurile profunde ale personalității noastre, se produce abia atunci când acceptăm provocarea de a ieși din zona de confort.

> ” *În fiecare moment al vieții noastre avem de ales între a face un pas înainte către schimbare și a face un pas înapoi către siguranță.* “
>
> Abraham Maslow

Pentru ca această gândire în trepte și pe niveluri de acceptare și înțelegere a ființei umane să capete un sens în contextul nostru, te invit să facem un pas către sfârșitul anilor 1980, când specialistul american în comunicare Robert Dilts a găsit o modalitate de a integra viziunea lui Maslow în procesul de schimbare și dezvoltare individuală.

Pornind de la piramida nevoilor umane și păstrând ideea că nivelurile superioare sunt de mai mare profunzime și impact, Dilts a elaborat o piramidă a nivelurilor neurologice, pe care îți propun să o interpretăm în contextul discuției noastre.

Oricât de bine ne-am cunoaște obiectivele – în cazul de față, acela de a slăbi sau de a adopta un stil de viață sănătos – și oricât de concentrați am fi pe îndeplinirea acestora, nu vom reuși să le înfăptuim decât atunci când vom fi înțeles că sunt necesare schimbări la toate nivelurile.

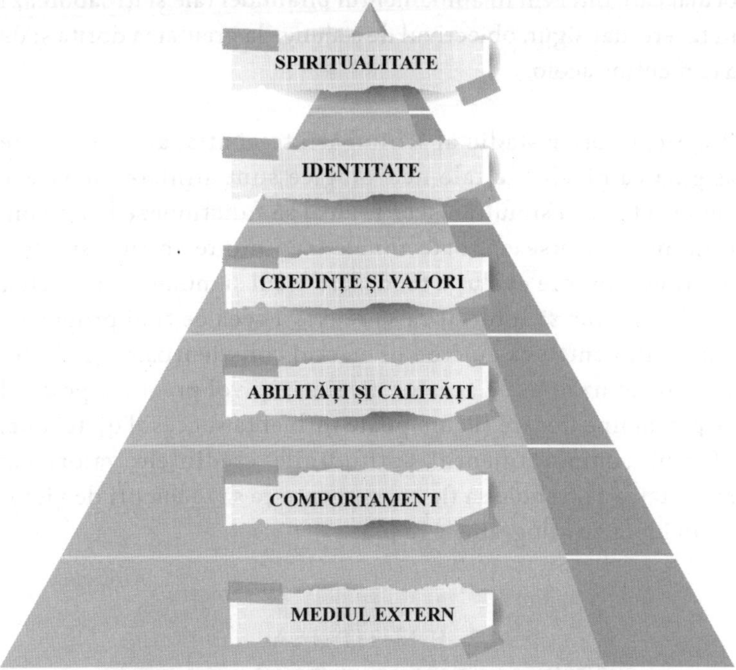

Piramida nivelurilor neurologice, concepută de Robert Dilts

Să presupunem că ai decis să ţii o dietă pentru a te debarasa rapid de kilogramele în exces. Şi încerci o cură de slăbire după alta, dar de fiecare dată dai greş şi recazi în plasa vechilor tale obiceiuri alimentare. În asemenea situaţii, există o mare probabilitate ca undeva în piramida ta să se creeze dezechilibre.

De pildă, identitatea ta de femeie suplă poate să intre în conflict cu valoarea ta de libertate. Vrei să arăţi bine, dar de fapt tu crezi că pentru a reuşi nu există altă variantă decât să te supui unor restricţii dure? În concepţia ta, schimbarea stilului de viaţă presupune mai multă militărie decât bucurie? Vrei să slăbeşti, dar trăieşti cu convingerea adânc înrădăcinată din copilărie că frumuseţea interioară este singura care contează? Toate acestea sunt forme de bruiaj care intervin în aliniamentul piramidei tale și îți sabotează în tăcere, dar sigur, obiectivul de a ajunge la greutatea dorită și de a te menține acolo.

Practic, în orice stadiu al schimbării te-ai afla, ai nevoie să te asiguri că nivelurile tale neurologice sunt aliniate, deoarece ele se activează simultan și ar fi ideal să funcționeze la unison. Piramida traversează toate zonele trup-minte-spirit; este despre tine și despre evoluția ta, despre locul și momentul potrivit când ai nevoie să intervii ca să reușești ceea ce ți-ai propus cu adevărat. Pentru că eu cred în efectul conștientizării și alinierii corespunzătoare a acestor niveluri, îți voi prezenta pe rând ce presupune fiecare și cum poate influența succesul dietei tale. Mediul, comportamentul, aptitudinile, credințele, valorile și identitatea ta trebuie să fie convergente ca să te bucuri de victorie în lupta cu kilogramele în plus.

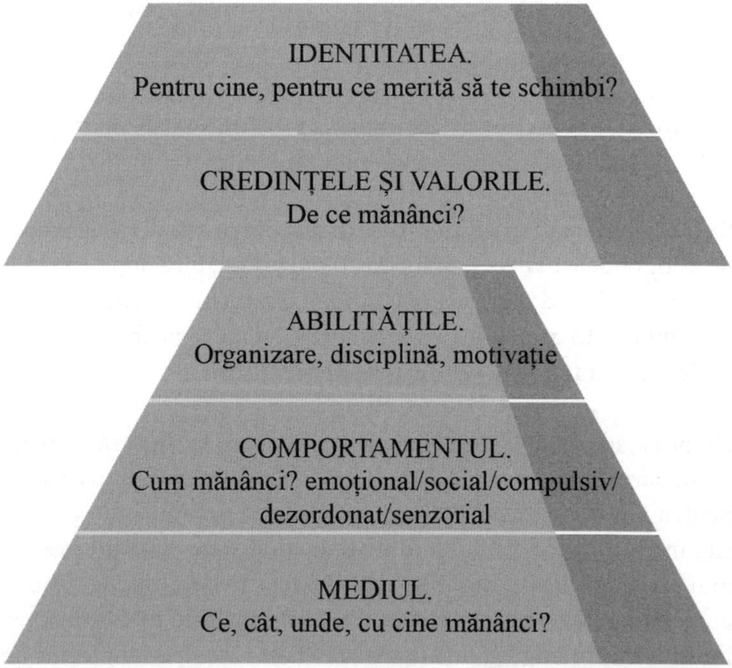

MEDIUL SAU CE, CÂND, CÂT ȘI UNDE MĂNÂNCI

În mod tradițional, conform teoriei lui Dilts, mediul corespunde realității fizice, spațiului în care existăm. Aici intră tot ceea ce este în exteriorul nostru și poate fi perceput prin intermediul simțurilor, fie că vorbim despre oameni, lucruri, locuri, fenomene și așa mai departe. Fiindcă este format din extrem de mulți stimuli, mediul este foarte important în dezvoltarea noastră ca indivizi.

Dacă ne referim la dietă, în această categorie vom încadra tot ceea ce ține de latura concretă a obiceiurilor alimentare: ce mâncăm (care sunt alimentele pe care le consumăm și cum le combinăm), când mâncăm (care sunt orele de masă predilecte), unde mâncăm (și nu mă refer doar la loc – acasă, în oraș ori la birou – ci și unde anume efectiv: la masa din bucătărie, la biroul de lucru sau pe stradă, pe fugă ori în picioare direct din oala de mâncare) și, nu în ultimul rând, cât anume mâncăm (ce cantitate de mâncare ne punem în farfurie, de câte ori ne reumplem farfuria, cât ciugulim între mese).

Pentru început, va trebui să te transformi într-un observator al comportamentului tău zilnic, pentru a conștientiza aspectele legate de „mediu". După ce îți formezi o imagine de ansamblu asupra modului în care decurg mesele tale, vei ști ce anume trebuie să ajustezi pentru a face pace cu cântarul.

În continuare, îți prezint o selecție de sfaturi și recomandări concrete care, odată puse în aplicare, vor regla cele mai importante coordonate ale „mediului". Acestea au prins contur din dorința mea de a găsi formula magică a unei vieți sănătoase, fără diete, fără restricții (prea mari), fără frustrare. Nu știu dacă am reușit să fac minuni, dar sigur am reușit să concentrez esența filosofiei nutriționale pe care o promovez și pe care am numit-o generic Dieta STIL.

JURNALUL ALIMENTAR

Data ______	Ora	ALIMENT (cantitate/marcă/mod de preparare)	Observații
Mic dejun			
Gustare de dimineață			
Prânz			
Gustare de după-amiază			
Cină			
Gustare de seară			

Activitate fizică	Hidratare, băuturi	Somn

ÎNCEARCĂ ȘI TU!

Jurnalul alimentar. Dacă ai citit prima mea carte, știi deja că jurnalul alimentar este un instrument pe care îl recomand cu mare încredere. Un astfel de jurnal îți permite să înregistrezi toate aspectele legate de obiceiurile alimentare pe care le-am enumerat mai sus. Notează ceea ce mănânci, dar și contextele – locul, momentul zilei, starea emoţională. Nu omite nici lista alimentelor după care tânjeşti.

Respectă mesele principale.

Serveşte micul dejun înainte de ora 10, prânzul nu mai târziu de ora 15 şi cina până la ora 20. Trebuie să subliniez că micul dejun este regele tuturor meselor zilnice pentru că în prima parte a zilei poţi mânca toate alimentele care îţi plac, îţi poţi face poftele. Până seara ai timp să consumi caloriile acumulate, fără a risca să se depună, iar dacă nu face încă parte din programul tău, ar fi minunat să îl incluzi de acum. De asemenea, ia în considerare faptul că masa principală a zilei este prânzul, nicidecum cina, care ar trebui programată cu cel puţin trei ore înainte de culcare.

Nu mânca zahăr, glucide (carbohidraţi) după ora 18.

Deşi ar fi ideal, este extrem de dificil să nu mai mâncăm deloc după această oră, în condiţiile în care atunci suntem încă la serviciu, în trafic, la cumpărături şi ziua încă nu se apropie de final. Dar îţi recomand să nu mai mănânci deloc glucide după ora 18: pâine, făinoase, cereale, mămăligă, orez, griş, bulgur, quinoa, paste, tăiţei, cartofi, boabe (mazăre, porumb, fasole, năut, linte, soia) şi fructe. Dacă nu mai urmează activităţi fizice intense după astfel de mese, deci nu le dăm ocazia de a se transforma în energie, rămân alături de noi pe termen lung, sub formă de depozite adipoase în jurul taliei şi pe coapse.

Nu ciuguli între mese.

Bucură-te de mesele principale consumând alimente săţioase, de calitate, pe care să le savurezi pe îndelete, cu plăcere. Dar nu îţi cheltui bugetul zilnic de calorii pe ronţăieli sau ciuguleli. Am scris şi am spus această frază de nenumărate ori şi voi apela la ea de oricâte ori este nevoie: ciugulitul este cel mai dăunător dintre toate obiceiurile alimentare pe care le-am studiat până acum. Renunţă şi la gustările intermediare, care au neajunsul de a te păstra mereu în legătură directă cu mâncarea, ispitindu-te să îţi depăşeşti bugetul zilnic de calorii.

Mănâncă ce vrei, dar ai grijă când și cât.

Dimineața fă-ți poftele, la prânz mănâncă pe săturate, iar seara ține dietă! Cele mai prietenoase alimente cu organismul tău sunt legumele, zarzavaturile, fructele, carnea slabă, peștele și cerealele. Alimentele semipreparate, procesate, cu liste de ingrediente demne de un dicționar de biochimie, ar merita concediate din meniul tău zilnic. De asemenea, mănâncă atât cât ai nevoie pentru a ajunge la senzația de sațietate, bazându-te pe legume, care au volum mare și calorii puține. Evită combinațiile complicate, sosurile, făina, uleiurile, alegând două, maximum trei grupe de alimente pe care să le combini la o masă principală.

> „*Tot ce mănânc a fost catalogat de un medic sau altul drept otravă mortală, iar tot ce nu mănânc a fost dovedit de știință drept indispensabil pentru viață. Cu toate acestea, încă mai trăiesc.*"
>
> George Bernard Shaw

Hidratează-te corespunzător.

Pentru fiecare kilogram de greutate corporală, ai nevoie de minimum 25 de mililitri de apă sau ceaiuri neîndulcite, pe care trebuie să îi bei constant pe tot parcursul zilei. Când stomacul îți transmite niște semnale, dar nu îți dai seama dacă îți este foame sau sete, bea un pahar mare cu apă și așteaptă câteva minute. Dacă foamea persistă, înseamnă că te poți așeza la masă, iar dacă senzația s-a domolit înseamnă că ți-era pur și simplu sete.

COMPORTAMENTELE ALIMENTARE SAU CUM MĂNÂNCI

Nivelul comportamental ține de interfața perceptibilă în comunicarea dintre oameni, înglobând fapte, acțiuni și limbaj. Cu alte cuvinte, se referă la modul în care ne manifestăm într-un mediu dat, la activitățile pe care le pot observa ceilalți. Totalitatea acțiunilor și reacțiilor noastre, conștiente și inconștiente, fac parte din această categorie.

Fiecare dintre noi integrează diferit evenimentele din viața sa, în funcție de experiențele emoționale, mentale, spirituale sau chiar fizice care i-au marcat trecutul. Aceste evenimente creează diverse gânduri, care la rândul lor generează sau alimentează emoții. Ce facem atunci când ne simțim copleșiți? Încercăm să ne apărăm, să ne protejăm, dezvoltând anumite comportamente care să ne ajute să depășim emoțiile negative. Mecanismul în sine este cât se poate de sănătos; inconștient, identificăm o soluție pentru starea de disconfort psihologic, pentru a putea fi funcționali.

Revenind la tema noastră, aceasta este zona rezervată lui „de ce" și „cum" mâncăm. Problemele intervin când acest comportament, soluția găsită, are efecte negative pe termen lung asupra sănătății și siluetei noastre. În capitolul următor, vom discuta pe larg despre acest subiect, analizând pe rând toate tiparele de comportament alimentar problematic: mâncatul social, mâncatul senzorial (de poftă), mâncatul compulsiv, mâncatul dezordonat și mâncatul emoțional.

Primul pas este să conștientizezi că acele kilograme în plus nu sunt numai rezultatul a ceea ce mănânci, ci s-au acumulat și din cauza modului în care mănânci. Poate apelezi la alimentele menite să te consoleze după o zi grea la serviciu, după o ceartă cu partenerul sau, dimpotrivă, cauți în farfurie răsplata pentru un proiect de succes. Poate mâncatul a devenit în timp cea mai la îndemână formă de socializare și excesul este cuvântul de ordine la mesele de familie, la întâlnirile cu prietenii sau la birou. Poate stresul a preluat controlul programului tău zilnic și mănânci ce și cum apuci în timpul zilei, iar poftele dau năvală peste tine la căderea serii.

Următorul pas este să accepți că ceea ce faci în acest moment funcționează pe termen scurt, dar poate fi distructiv pe termen lung, și să nu te învinovățești din cauză că îți găsești refugiul în mâncare. Cea mai bună modalitate de a întrerupe acest cerc vicios este să înveți să îți gestionezi timpul, emoțiile și stresul într-un mod care să nu implice mâncarea, formându-ți în paralel obiceiuri alimentare sănătoase.

> „*Omul care crede că poate face un lucru va dobândi întotdeauna priceperea de a-l face.*"
>
> David J. Schwartz

Te voi ajuta să identifici comportamentele alimentare care te caracterizează în acest moment, să înțelegi cum funcționează acestea în deserviciul tău și să faci schimbările necesare pentru a-ți reconfigura relația tumultoasă cu mâncarea. Dacă în *Capcanele dietelor* ți-am arătat pe larg ce, când și cât să mănânci, în continuare vom lucra și la „cum", astfel încât mâncatul să își recapete statutul de nevoie fiziologică, la care poți adăuga plăcerea gustului, însă cu condiția de a-ți asculta foamea, pofta, sațietatea și de a te opri acolo unde mâncarea se transformă în dependență, compulsie, obsesie sau exces, dăunând grav sănătății.

Primele două trepte de la baza piramidei constituie ceea ce poți observa, ceea ce poate fi perceput ca atare, fără să fie necesare instrumente suplimentare de interpretare, pentru că sunt strâns legate de realitatea exterioară și de relațiile care o modelează. Mai departe, nivelurile superioare ale piramidei se referă la aspectele interioare ale fiecăruia dintre noi. Nu se văd cu ochiul liber, nu aparțin realității imediate și necesită un efort de conștientizare suplimentar.

ABILITĂȚILE SAU ATUURILE PE CARE TE POȚI BAZA PENTRU A-ȚI SCHIMBA COMPORTAMENTUL ALIMENTAR

Al treilea nivel revine abilităților, competențelor, capacităților, chiar talentului, și reunește toate aptitudinile pe care le poți deprinde prin exersarea repetată a unui comportament benefic, cu scopul de a îndeplini un obiectiv precis. Orice aptitudine începe prin a fi un simplu comportament, iar dacă își dovedește eficiența în timp, se rafinează până în punctul în care se transformă într-o modalitate de rezolvare a unei probleme concrete.

Așadar, nu te îngrijora dacă încă nu ai abilitățile necesare pentru a te debarasa de kilogramele în exces, a te menține la greutatea optimă sau a-ți schimba stilul de viață. Scopul acestei cărți este să-ți ofere soluții concrete de dezvoltare și implementare a unor strategii noi, cu ajutorul cărora îți vei putea atinge obiectivul de a slăbi eficient și durabil.

” *Planificarea este aducerea viitorului în prezent, pentru ca tu să poți face ceva în legătură cu el acum.* “

Alain Lakein

Pe termen lung, nicio schimbare nu poate fi posibilă fără componenta de organizare și disciplină. Planifică-ți succesul, ca să îți sporești șansele de a ajunge acolo unde îți dorești! Setarea unor obiective realiste, măsurabile, care depind exclusiv de acțiunile tale, reprezintă o abilitate importantă pe care trebuie să te bazezi încă de la începutul procesului de schimbare. Un obiectiv de tipul „Vreau să fiu în formă“ este prea vag pentru a-ți putea servi ca reper în redirecționarea comportamentului și în evaluarea progresului, iar unul de genul „Vreau să fiu cea mai frumoasă femeie din lume“ este nerealist, imposibil de atins. De asemenea, este fundamental să îți construiești o motivație puternică, identificând acel lucru esențial din viața ta care te împinge în afara zonei de confort.

Menținându-ți motivația, îți vei consolida alte abilități esențiale, precum concentrarea, determinarea și hotărârea.

Inventariază resursele personale pe care le ai la dispoziție când începi această călătorie, evitând să subestimezi ceea ce știi deja și să supraestimezi ceea ce nu stăpânești. Stabilește apoi etapele pe care trebuie să le parcurgi și măsoară-ți constant rezultatele, ca să poți să faci ajustările necesare pe parcurs. Privește obstacolele ca pe niște provocări – poți schimba chiar direcția de mers, dacă împrejurările o impun, dar nu renunța niciodată la decizia de a ajunge la destinație. Nu uita să te bucuri și să te premiezi pentru victoriile tale, conștientizând ce calități ți-au fost de folos și ce abilități noi ai dobândit.

„ *Cel mai bun mod de a prezice viitorul este să îl creezi chiar tu!* "

Peter Drucker

RĂSPUNDE SINCER!

Fă un exercițiu de organizare, completând rubricile de mai jos cu așteptările și informațiile pe care le ai în acest moment.

Obiectivul tău final în ..... luni:

____

____

____

Obiectivul tău lunar:

____

____

Obiectivul tău săptămânal:

Motivele care te determină să slăbești:

Abilitățile care te vor ajuta să slăbești:

Cum vei ști că te afli pe drumul cel bun:

Ce răsplată îți vei oferi pe parcurs:

Pe ce te vei baza când îți va fi greu să respecți regulile unui stil de viață sănătos:

Cum vei ști că ți-ai atins obiectivele de slăbit și de schimbare a stilului de viață:

___

___

CREDINȚELE ȘI VALORILE SAU CE INFLUENȚEAZĂ RELAȚIA TA CU MÂNCAREA

Mulți sunt cei care se angajează într-un proces de schimbare, dar majoritatea se blochează înainte să exploreze nivelul atitudinii, ce reunește un buchet de idei, credințe, valori, principii, reguli după care ne ghidăm în viață și este rezultatul a ceea ce am acumulat prin intermediul familiei, prietenilor, colegilor de muncă, școlii, bisericii, realității sociale, politice, mass-media. Aici se regăsesc motivațiile noastre intime, mecanismele de apărare și filtrele de percepție inconștientă a realității, cuprinzând aspectele de natură mai subtilă ale modului nostru de a gândi și a simți.

Cu ajutorul acestor structuri subconștiente, ne definim și ne dirijăm acțiunile și reacțiile. Este adevărat că multe din ele sunt specifice fiecărui context de viață, dar nucleele credințelor și valorilor noastre converg către o rădăcină comună. Acest nivel are o importanță cu totul și cu totul specială, aici aflându-se, în multe cazuri, cheia pentru a descătușa puterea personală. Poate nu ți-ai dat seama până acum, dar inclusiv în procesul de slăbire sunt implicate credințele tale limitative și cele constructive. Ce convingeri personale ai? Care sunt cele care te ajută să ajungi la cea mai bună variantă a ta și care sunt cele care te încurcă? Ce conflicte interioare apar din această cauză?

„*Nu există o barieră mai mare în calea fericirii decât teama că nu o merităm.*"

Nathaniel Branden

Să ne imaginăm că vorbim despre o femeie de succes, cu o minte sclipitoare, cu performanțe notabile la locul de muncă, un adevărat model pentru cei din jur, dar... cu probleme serioase de sănătate, cauzate de alimentația haotică și excesivă. Faptul că reușește să bifeze fără reproș toate sarcinile de lucru, dar nu are deloc grijă de ceea ce mănâncă ne spune ceva. În ce investește prea mult și pentru ce sector al vieții nu își găsește resursele necesare? Într-un asemenea caz, trebuie identificate atuurile care o fac să fie organizată la birou și ce anume nu o lasă să procedeze la fel în privința alimentației. Ce credință, ce valoare personală intervine în această schemă și creează un dezechilibru? Poate consideră că munca este prea solicitantă, răpindu-i libertatea, așa că alimentația rămâne singura zonă la îndemână în care se poate manifesta liber, instinctiv?

Gândul precedă acțiunea, astfel încât o serie de convingeri pozitive te pot ajuta să acționezi în direcția îndeplinirii obiectivelor pe care ți le-ai stabilit, cu șanse mai mari de a ajunge la rezultatul dorit. La fel de adevărat este și faptul că propriile convingeri sunt cele care te-au determinat să adopți comportamentele alimentare problematice responsabile de numărul prea mare de kilograme sau de starea de sănătate precară. Și nu numai, căci fiecare domeniu al vieții își datorează aspectul actual celor mai ascunse gânduri ale tale despre ceea ce reprezinți tu ca om, despre sensul vieții și despre relațiile cu oamenii din jur.

Fiecare dintre noi are o imagine proprie a modului în care consideră că ar trebui să stea lucrurile. Dacă o persoană cu pregătire medie se simte puternică și încrezătoare, asta va transmite și interlocutorului său, iar șansele sale de a primi postul pe care și-l dorește vor crește invers proporțional cu ale unui competitor temeinic pregătit, dar care își freacă mâinile de emoție, ezită de fiecare dată când deschide gura și atunci când vorbește îi tremură vocea. Puține lucruri reprezintă o amenințare mai mare pentru îndeplinirea țelurilor tale decât convingerile autolimitative, cele care îți picură în gânduri otrava neîncrederii în forțele proprii.

„Desigur, ţi s-au întâmplat lucruri îngrozitoare. Ai suferit mult sau poate că treci chiar acum printr-o perioadă dificilă. Dar cred că ai puterea să-ţi alegi atitudinea chiar şi în cele mai dificile împrejurări. Nu spun că este uşor. Dar alegerea îţi aparţine, aceasta este realitatea."

Jeff Keller

În ciuda impresiei pe care ţi-o creezi în momentele apăsătoare ale existenţei, foarte puţine situaţii dificile cu care te confrunţi sunt fără ieşire, iar ţie îţi revine responsabilitatea de a identifica aspectele pozitive. Dincolo de orice experienţă care te pune într-o poziţie nefavorabilă pândeşte o oportunitate de învăţare şi dezvoltare. Fără problemele care te-au adus în faţa acestei cărţi, nu ai fi avut şansa de a porni în ceea ce va deveni poate cea mai puternică experienţă de modelare a propriei persoane şi a stilului de viaţă. Nu uita că modul în care îţi şlefuieşti convingerile va dicta scenariul după care se va desfăşura viitorul. În capitolul dedicat credinţelor îţi voi arăta cum poţi descoperi elementele-cheie ale viziunii tale asupra vieţii şi cum poţi întoarce aceste lucruri în favoarea ta, pentru a-ţi atinge obiectivele de slăbit şi menţinere.

Acelaşi rol modelator pentru comportamentul tău îl joacă şi setul de valori personale, sistemul de referinţă în care alegerile, contextele şi relaţiile capătă un sens pentru fiecare dintre noi, reprezentând fundamentul vieţii armonioase şi echilibrate. Ca să faci faţă provocărilor pe care viaţa ţi le scoate în cale, ai nevoie de o rezervă substanţială de încredere în forţele proprii şi de stimă de sine. Valorile au fost comparate adeseori cu nişte stâlpi de rezistenţă care susţin construcţia complexă a sinelui. Raportându-te la acestea, îţi este mult mai uşor să îţi asumi decizii importante în situaţii neprevăzute. Rezultatele pozitive îţi aduc o satisfacţie mult mai mare dacă le trăieşti prin filtrul principiilor după care te ghidezi în viaţă. Atunci când îţi cunoşti valorile şi îţi stabileşti destinaţia, nimic nu te mai poate opri.

> „*Adevăratul risc în viață constă într-o viață fără riscuri.*
> *Nu poți câștiga dacă nici măcar nu intri în joc.*"
>
> Robin Sharma

De aceea, pentru a putea alinia toate nivelurile piramidei neurologice, este esențial să îți cunoști valorile. De identificarea corespunzătoare a setului de valori personale depinde o mare parte din capacitatea noastră de a face ca schimbarea pe care ne-o dorim să devină realitate. Așadar, ce valoare este mai importantă pentru tine? E vorba despre stabilitate la serviciu sau acasă ori despre siguranța financiară? Este dorința de a deveni „cineva", de a însemna ceva în viața altora? Sau poate nevoia de diversitate, de aventură, de a trăi tot timpul experiențe noi? E libertatea de a face mereu ceea ce simți? E dezvoltarea personală, dorința de a te autodepăși? E bucuria de a-i ajuta pe ceilalți?

RĂSPUNDE SINCER!

Valorile personale. Completează răspunsurile la întrebările de mai jos, concentrându-te strict asupra lucrurilor relevante pentru tine și încercând să te detașezi de rețetele predefinite pe care le-ai absorbit din exterior de-a lungul timpului, dar care consideri că nu te reprezintă.

1. Ce este important pentru tine din punct de vedere fizic, în ceea ce privește starea ta de sănătate și de vitalitate? (De ex.: să mănânci sănătos, să faci sport zilnic, să te hidratezi corespunzător, să atingi o greutate normală etc.)

____

____

____

2. Ce contează pentru tine din perspectiva carierei și a dezvoltării profesionale? (De ex.: să aprofundezi domeniul în care lucrezi, să te integrezi într-un grup de oameni de succes, să înveți și să te perfecționezi permanent, să te bucuri de recunoaștere la locul de muncă, să promovezi pe un post de conducere etc.)

---

3. Care sunt preocupările tale din punct de vedere financiar? (De ex.: să câștigi o anumită sumă pe lună, să economisești un procent din ce câștigi, să îți sporești cunoștințele în domeniul financiar etc.)

---

4. Ce are cea mai mare relevanță pentru tine în relațiile cu cei dragi (părinți, copii, partener de viață, prieteni)? (De ex.: să petreci minimum două ore pe zi în compania lor, să le fii alături atunci când au nevoie de tine, să îi iubești și să îi sprijini necondiționat etc.)

---

5. Ce este esențial pentru tine în procesul de dezvoltare personală? (De ex.: să citești zilnic un număr de pagini, să mergi la un curs o dată pe lună, să te întâlnești cu oameni care te inspiră și de la care poți învăța lucruri noi, să asculți audiobook-uri sau discursuri motivaționale etc.)

---

6. Cum îți dorești să contribui la binele celorlalți oameni? (De ex.: să le arăți aprecierea și recunoștința ta, să donezi bani lunar, să le transmiți lecțiile de viață pe care le-ai învățat la rândul tău, să îi ajuți oferindu-le timpul și ideile tale etc.)

___

___

7. Pe ce pui accentul în privința recreerii, odihnei și relaxării? (De ex.: să nu lucrezi în weekend, să ai două concedii pe an, să mergi săptămânal la pescuit, să ieși de două ori pe săptămână la film etc.)

___

___

Recitind răspunsurile pe care le-ai dat mai sus, încearcă să le găsești corespondentele în lista valorilor umane de pe pagina următoare, continuând să te gândești la ce este cu adevărat important în viață pentru tine.

Păstrează această listă deschisă și completeaz-o cu acțiuni care îți hrănesc valorile și în același timp se înscriu pe drumul schimbării pe care ți-ai propus să o faci. Identifică, de asemenea, care sunt acțiunile prin care îți autosabotezi evoluția, încălcându-ți propriile valori. Așa vei descoperi ce anume trebuie să reconsideri, să consolidezi sau să abandonezi, pentru a reuși. În momentul în care valorile tale vor fi în simbioză cu motivația pentru schimbare și cu parcursul tău, îți va fi imposibil să nu ajungi acolo unde ți-ai propus.

Valorile umane

Ambiție	Disciplină	Onoare
Apreciere	Distracție	Optimism
Autenticitate	Diversitate	Pace
Autoritate	Dragoste	Perseverență
Blândețe	Egalitate	Prietenie
Bunătate	Evoluție	Profesionalism
Candoare	Fidelitate	Putere
Cinste	Frumusețe	Realizare
Colegialitate	Generozitate	Respect
Compasiune	Inspirație	Responsabilitate
Comunicare	Integritate	Sănătate
Creativitate	Iubire	Siguranță
Credință	Încredere	Sinceritate
Cunoaștere	Înțelegere	Sprijin
Curaj	Înțelepciune	Succes
Dedicare	Libertate	Toleranță
Delicatețe	Liniște	Utilitate
Demnitate	Muncă	
Dezvoltare	Omenie	

Alege-ți zece valori care crezi că te definesc cel mai bine și pe care pui accentul în mod special.

___

___

___

Din aceste zece valori, te invit să tai cinci la care poți renunța, în așa fel încât să rămâi cu cele mai importante cinci valori.

___

___

Privește cu atenție cele cinci valori rămase și fă o ultimă selecție, renunțând la încă două. Ai acum în față cele trei valori de bază pentru tine. Ele îți ghidează pașii și îți influențează deciziile, comportamentul și modul de a gândi, în mod conștient sau inconștient.

Valori invizibile. Ce altceva te caracterizează în așa mare măsură, încât nici nu te-ai gândit să adaugi la listă, presupunând că se subînțelege? Răspunzând la această întrebare vei afla valoarea ta principală (valoarea-nucleu).

____

Gândindu-te la valorile personale pe care le-ai identificat, completează următoarele fraze:

Simt că îmi respect valoarea 1 ____________________ atunci când

____

Simt că îmi respect valoarea 2 ____________________ atunci când

____

Simt că îmi respect valoarea 3 ____________________ atunci când

____

Simt că îmi respect valoarea principală ________________ atunci

când ____

Simt că îmi încalc valoarea 1 ____________________ atunci când

____

Simt că îmi încalc valoarea 2 ____________________ atunci când

____

Simt că îmi încalc valoarea 3 ____________________ atunci când

____

Simt că îmi încalc valoarea principală ______________ atunci când

____

IDENTITATEA SAU CEEA CE TE DEFINEŞTE CA PERSOANĂ

Răspunsul la „Cine sunt eu?“ sintetizează percepţia pe care o ai despre ceea ce reprezinţi pentru tine şi pentru ceilalţi oameni. De cele mai multe ori, îmbracă forma unui cumul de sub-identităţi raportate la diverse contexte. De exemplu, o femeie este în acelaşi timp mamă, soţie, soră, prietenă, şefă, colegă, profesionistă într-un domeniu etc. Altfel spus, este vorba despre rolurile pe care le deţii în viaţa ta şi despre modul în care reuşeşti să le echilibrezi. Tot aici, punem accent pe conceptul de apartenenţă, cel care stabileşte grupul de referinţă pentru tine, la care te raportezi atunci când faci parte dintr-o echipă, o comunitate.

Aş vrea să îţi vorbesc în continuare despre Roata vieţii, un test-instrument creat de expertul în dezvoltare personală Anthony Robbins, care, pe lângă o viziune fidelă asupra persoanei care eşti în acest moment, îţi oferă un indiciu extrem de preţios, şi anume îţi arată în care dintre ariile vieţii trebuie să investeşti timp şi energie pentru a obţine echilibrul şi armonia pe care le meriţi şi ţi le doreşti. Dacă ar fi să spui un singur lucru despre tine, care ar fi acela? Care sunt priorităţile tale? Ce te diferenţiază de ceilalţi?

” *Eu nu sunt ceea ce mi se întâmplă, eu sunt ceea ce aleg să devin.* “

Carl Jung

Roata vieţii te va ajuta să îţi defineşti cu uşurinţă identitatea, să îţi analizezi şi să îţi pui în ordinea priorităţilor diversele roluri, astfel încât să te apropii cât mai mult de imaginea a ceea ce îţi doreşti să devii în urma procesului de schimbare pe care ţi l-ai asumat. Nu numai că vei ajunge să te cunoşti mai bine, ci vei descoperi şi cum să îţi foloseşti la maximum calităţile şi atuurile personale, pentru a reuşi să slăbeşti şi să îţi îmbunătăţeşti starea de sănătate.

RĂSPUNDE SINCER!

Roata vieţii. În primă fază, răspunde la întrebările ajutătoare – cele opt arii pe care le vei evalua îţi definesc existenţa de zi cu zi.

Sănătatea şi forma ta fizică

Cum apreciezi forma fizică şi starea ta de sănătate din momentul de faţă?

____

Cât de mulţumitor este nivelul tău de energie şi bună dispoziţie dintr-o zi obişnuită?

____

Cum te simţi la greutatea actuală?

____

Împlinirea emoţională

Cum decurge viaţa ta de zi cu zi, din punct de vedere al calmului şi al stabilităţii emoţionale?

____

Cât de des experimentezi senzaţia de bucurie şi de împlinire pe plan emoţional?

____

Care este gradul de echilibru pe care îl manifeşti zi de zi, când apar provocările emoţionale?

Relaţiile cu familia şi prietenii

Cum funcţionează relaţiile tale cu membrii familiei?

În ce măsură îţi aduc fericire şi împlinire relaţiile tale sentimentale?

Cum apreciezi calitatea interacţiunilor tale cu prietenii şi colegii?

Distracţia şi relaxarea

Care este gradul de eficienţă de care dai dovadă în îndeplinirea sarcinilor şi obiectivelor zilnice?

Cât de mulţumitor este timpul pe care îl ai la dispoziţie pentru a te bucura de pasiunile tale?

În ce măsură consideri că reuşeşti să îmbini şi să îţi îndeplineşti sarcinile personale şi profesionale?

Profesia şi cariera

Câtă mulţumire îţi aduce domeniul în care activezi în momentul de faţă?

Câtă satisfacţie îţi aduce locul de muncă actual?

În ce măsură ceea ce faci acum în cariera ta te apropie sau te îndepărtează de scopul tău în viaţă?

Situaţia financiară

Cât de sigură ţi se pare situaţia ta financiară actuală?

Cum apreciezi remuneraţia muncii tale, în raport cu meritele pe care le ai?

Care crezi că este nivelul tău actual de bunăstare financiară?

Contribuţia în societate

Cum apreciezi capacitatea ta de a te bucura de viaţă?

Cum apreciezi abilitatea ta de a împărtăşi din talentele şi cunoştinţele tale cu cei din jur?

Cât de mult te apropii de îndeplinirea scopului tău în viaţă?

Dezvoltarea personală

Cu ce notă evaluezi capacitatea ta de a lua deciziile potrivite la momentul oportun?

Cât de mult simţi că te apropii de ceea ce ţi-ai dori să devii pe plan uman?

Ce notă îţi dai pentru sinceritatea cu care ai răspuns până acum la întrebările anterioare?

Evaluează-ţi apoi răspunsurile, acordându-ţi o notă de la 1 la 10 pentru fiecare arie şi marcând punctajul pe pe roata din ilustraţie. Ia în considerare faptul că centrul cercului are valoarea 0, iar marginea cercului 10. La final, uneşte toate punctele marcate de tine cu o linie sau cu un arc de cerc.

Cum arată roata ta? Te poţi situa şi în jurul nivelului 3 cu toate ariile, bifând din toate câte puţin, iar roata este rotundă, echilibrată, semn că funcţionezi armonios. Nu trebuie să vânezi perfecţiunea cu orice preţ, să te situezi la cel mai înalt nivel în toate punctele vieţii tale şi nici să stagnezi la stadiul de victimă din cauză că nu poţi sau nu ai timp să ai grijă de tine. Dar, dacă roata ta are zimţi, analizează care sunt zonele tale bine reprezentate în raport cu cele deficitare și vezi unde rămâne loc pentru îmbunătățiri, căci următoarele capitole te vor ajuta să te apropii din ce în ce mai mult de cea mai bună versiune a ta.

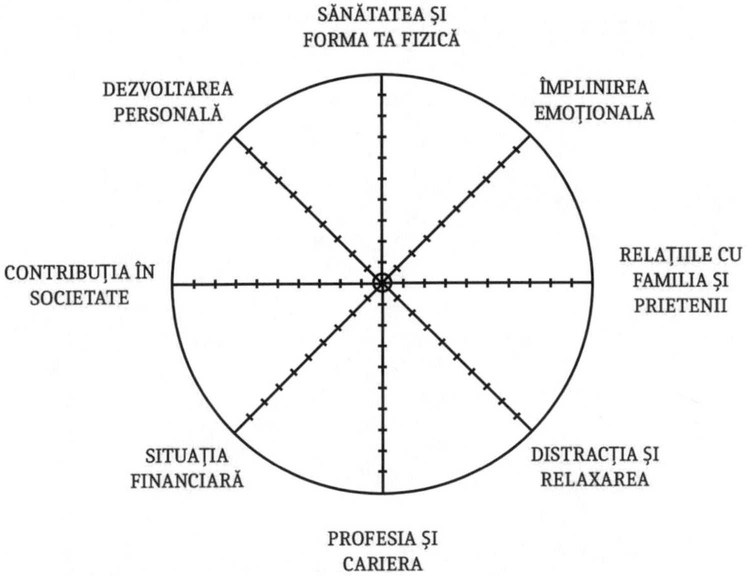

Capitolul 3

SPUNE-MI CUM MĂNÂNCI CA SĂ ÎȚI SPUN CUM SĂ SLĂBEȘTI

Fii bine cu tine și asta se va reflecta și în oglindă!

RELAȚIA CU MÂNCAREA: *IT`S COMPLICATED*

O relație sănătoasă cu mâncarea înseamnă să privești și să accepți mâncatul ca pe o nevoie fiziologică pe care o satisfaci cu plăcere, ținând cont de necesitățile organismului tău și ascultându-l atunci când își atinge limitele. Dar cum e posibil să mănânci cu plăcere și să îți impui și limite, mai ales dacă alimentele din farfurie sunt extraordinar de bune, îți îmbată toate simțurile, îți bucură sufletul și îți amintesc de copilăria fără griji și greutăți? Dacă se întâmplă să te afli și într-un context de sărbătoare sau relaxare, cum ar fi în concediu sau după o zi grea de lucru, alături de persoana iubită sau împreună cu prietenii, atunci mâncarea depășește cu siguranță bariera nevoii fiziologice, devenind o bucurie reală, o emoție, o plăcere pe care ai vrea să o prelungești cât mai mult.

„*Nu există dragoste mai sinceră decât dragostea pentru mâncare.*"

George Bernard Shaw

Am întâlnit de multe ori persoane care se considerau dependente de ciocolată, paste ori pâine, sau care pur și simplu mi-au mărturisit că le-ar fi foarte greu să renunțe la alimentele preferate, temându-se că asta presupune adoptarea unui nou stil de viață. Soluția este nu să renunți la alimentele favorite, ci, dimpotrivă, să le păstrezi în dieta ta, ca mâncatul să rămână în continuare o plăcere, dar să le consumi cu măsura potrivită.

Te întrebi probabil dacă acest concept de dependență alimentară are o bază reală, științifică. Definiția din dicționar ne arată că adicția reprezintă incapacitatea de a controla un anumit comportament, în ciuda consecințelor fizice și psihologice cunoscute. Din această perspectivă, putem considera că unii dintre noi se confruntă cu o adicție, în condițiile în care continuă să consume alimente pline de zahăr sau grăsimi în cantități nepotrivite, cu consecinţe grave asupra sănătăţii, fără să ţină seama de avertizările sau recomandările medicilor.

Dependenţa alimentară poate fi privită ca parte a dependenţelor de substanţe cu tropism cerebral, precum alcoolul şi drogurile. Din ce în ce mai multe studii demonstrează similitudini clinice, neurobiologice şi fiziopatologice între dependenţa de droguri sau alcool şi cea alimentară. La fel ca drogurile, zahărul, sarea sau grăsimile declanşează în creier producţia de endorfine, dopamină şi serotonină – supranumite moleculele fericirii –, oferind senzaţia instantanee de plăcere. Odată experimentat sentimentul plăcerii indus de secreţia de endorfine prin consumul repetat al unor alimente, la nivel cerebral se dezvoltă asocierea puternică între acestea şi starea de bine. Practic, în creier se creează şi se consolidează o buclă de legătură între alimentele care conţin zahăr, sare, grăsimi şi plăcere.

„*Arta cu cei mai mulţi adepţi rămâne totuşi arta culinară.*"

Valeriu Butulescu

Din punctul meu de vedere, adicţia sau dependenţa alimentară nu este atât de dură precum dependenţa de droguri, alcool sau tutun, ci reprezintă într-o mare proporţie o formă de dependenţă emoţională. Nu sunt puţini nici cei care consideră că mâncatul emoţional înseamnă lipsă de autocontrol şi se învinovăţesc pentru asta. Dar experienţa mea de până acum mi-a arătat că rareori se întâmplă ca mâncatul emoţional să fie cauzat de lipsa de autodisciplină, deşi de multe ori aşa pare. În realitate, suntem prinşi într-un carusel al emoţiilor, de la tristeţe la bucurie, de la dezorientare la încântare, de la furie la frustrare, iar mâncarea ne ajută să le „digerăm" sufleteşte mai uşor.

Nu întâmplător, mâncatul emoţional se manifestă cel mai adesea seara, atunci când se face simţită oboseala şi intervine nevoia firească de relaxare. Nu este deloc plăcut să trăieşti o emoţie negativă, iar problemele de peste zi au nevoie de o supapă de evacuare, pe care mulți dintre noi o găsesc în fața farfuriei pline până la refuz cu cartofi prăjiți, a casoletei cu înghețată, a cutiei de pizza extra-large, a pungii de chipsuri sau de alune, și lista poate continua la nesfârșit cu orice alimente de care ți-e poftă în astfel de momente. Mâncarea îți oferă o alinare aproape instantanee, deoarece îți modifică echilibrul chimic al organismului, responsabil de starea de bine, îți distrage atenția de la sentimentele negative și îți schimbă starea de spirit.

” *Gastronomia este arta de a folosi hrana pentru a crea fericire.* “

Theodore Zeldin

Așadar, cred că ești de acord cu mine când spun că mâncarea nu se mai poate rezuma la a fi o necesitate fiziologică, a depășit de multă vreme stadiul de hrană și, de-a lungul zecilor de mii de ani de evoluție a mijloacelor de trai, a ajuns la rangul de plăcere, *fine art, gourmet,* purtătoare de stele Michelin. Varietatea deliciilor de care nu ne desparte astăzi decât distanța dintre mână și bunătățile din frigider sau de pe rafturile supermarketurilor ne permite să ne raportăm la mâncare ca la una dintre marile plăceri ale vieții. Nimic neobișnuit sau condamnabil până acum. Problemele apar atunci când nu ținem cont de cantitatea, frecvența, combinația sau momentul în care mâncăm.

Te-ai întrebat vreodată de ce mănânci? Un astfel de exercițiu de introspecție aparent simplu poate scoate la iveală o serie de informații despre comportamentul tău alimentar. „De foame“ ar fi probabil răspunsul cel mai corect și comportamentul cel mai firesc, căci dacă am mânca de foame cu adevărat nu ne-am confrunta cu avalanșa de kilograme în plus, nu s-ar mai crea nicio ocazie pentru apariția colăceilor de grăsime pe abdomen. Realitatea este mult mai nuanțată și, așa cum vei descoperi în cele ce urmează, în spatele gestului aparent simplu de a duce mâncarea la gură se află o serie întreagă de mecanisme psihologice, sociale și emoționale.

Să începem prin a discuta despre foamea propriu-zisă, setând astfel un punct de referință la care să ne raportăm atunci când analizăm diversele comportamente alimentare. Specialiștii au stabilit chiar și o scală a senzației de foame, care descrie diversele stadii prin care trece corpul înfometat.

Foamea ușoară. Parcă ai mânca, parcă nu. Simți în stomac ceva vag, ca un gol care apare și dispare repede. Dacă semnalele nu sunt mai puternice și nu persistă, un pahar de apă este suficient pentru a elimina această senzație pentru moment. Facem de multe ori greșeala de a ne așeza la masă, sau, mai rău, de a ne repezi la o pungă cu chipsuri sau covrigei de fiecare dată când avem impresia că ne este foame, dar de fapt corpul încearcă să ne transmită că este însetat. Bea un pahar mare cu apă sau un ceai neîndulcit de fiecare dată când nu ai certitudinea că îți este foame. Dacă senzația de neliniște din stomac persistă după 5 minute, înseamnă că ai ajuns la treapta următoare. Și, fiindcă ai băut apă, este puțin probabil să mănânci mai mult decât trebuie.

Foamea moderată. Acum stomacul începe să te împungă ușor. Îți creează un oarece disconfort, iar senzațiile pot deveni chiar dureroase. Stomacul tău scoate sunete ciudate din ce în ce mai frecvente sau începi să te balonezi. Într-adevăr, acum a sosit momentul să mănânci. Cu cât ai un program mai organizat al meselor, cu atât mai ușor de interpretat vor fi și aceste senzații fizice care apar la intervale egale. Dacă ți-ai creat o rutină în acord cu nevoile corpului tău, acesta va funcționa ca un ceasornic și îți va deveni un aliat fidel în menținerea comportamentului alimentar echilibrat.

Foamea puternică. Stomacul nu glumește și nici nu mai are răbdare. Când foamea atinge cote înalte, începe să te doară stomacul, transpiri fără un motiv aparent, tremuri. Starea de spirit se modifică vizibil, căci acum se instalează nervozitatea, irascibilitatea, iar capacitatea de concentrare parcă te-a părăsit definitiv. Evită să ajungi în această fază, în care poate apărea tentația de a te supraalimenta, pentru a compensa foamea îndurată.

Senzația de leșin. Dacă simți că nu te mai țin picioarele de foame, vederea devine tulbure, încețoșată, ai o senzație persistentă de rău și amețești, aflându-te în pragul stării de leșin, înseamnă că a trecut mult prea mult timp de la masa anterioară și este cazul să te hrănești. Ca și în ultimul caz pe care l-am descris mai sus, nici acesta nu este un punct în care să îți dorești să ajungi, din cauză că îți dereglezi relația cu mâncarea și, mai grav decât atât, îți pui în pericol sănătatea.

Poate până acum nu te-ai gândit niciodată la foame din această perspectivă, dar contează și zona corpului în care se naște senzația respectivă. Poți extrage astfel indicii importante despre cum funcționează stimulii care te determină să mănânci, influențându-ți comportamentul alimentar.

Foamea mentală poate fi ușor recunoscută după faptul că gândurile preced senzația fizică. Practic, în absența oricăror impulsuri fizice, mintea încearcă să te convingă să ciugulești repede ceva: „Trebuie să mănânc ca să prind putere.", „Am nevoie să mănânc ca să nu-mi fie rău mai târziu.", „Dacă nu mănânc, o să mă ia cu amețeală.". Ascultă-ți cu atenție gândurile, dar întârzie orice tip de acțiune în acest sens dacă nu se bazează pe altceva decât pe anxietate sau anticipare.

Foamea senzorială poate fi definită ca o senzație care se formează în cavitatea bucală, activată de mirosul, văzul, auzul sau chiar amintirea unor alimente extrem de gustoase. Nevoia imperioasă de a mânca începe din gură, unde tânjești să simți un anumit gust, și persistă în creier: te gândești cu poftă numai la alimentul dorit. Îți este cu siguranță familiară expresia „Îmi plouă în gură." – ei bine, parcă a fost inventată pentru a explica acest tip de foame.

Foamea emoțională se naște în piept și semnalează nevoia de a pansa sau amplifica o stare cu ceva bun de mâncare. Fiecare dintre noi traversează o gamă largă de emoții pozitive și negative, iar atunci când acestea ating o anumită intensitate, preiau controlul asupra gândurilor şi senzaţiilor noastre. Uneori, oamenii aflaţi sub imperiul unei emoţii puternice apelează la mâncare ca la un arbitru, un calmant sau un prieten.

„*Fie ca hrana să-ţi fie medicament şi medicamentul hrană.*"

Hipocrate

Foamea fizică se simte în stomac şi apare atunci când corpul începe să îţi transmită semnale că are nevoie de combustibil, de energie, pentru a-şi desfăşura procesele interne şi a te ajuta să bifezi sarcinile zilnice pe care le ai de îndeplinit. Trebuie să ai în vedere faptul că foamea fizică este răbdătoare, iar indiciile apar treptat: golul din stomac, bolboroselile, zgomotele din stomac, eventual o ameţeală uşoară.

Senzaţiile te îndeamnă să mănânci în curând, dar nu te forţează să mănânci chiar atunci, pe loc, mai ales dacă eşti în miezul unei activităţi importante. În schimb, celelalte tipuri de foame au acest caracter de urgenţă. Dacă nu mănânci atunci când te confrunţi cu foamea reală, senzaţiile persită, eventual se accentuează. Pe măsură ce corpul primeşte combustibilul necesar, foamea dispare discret şi este urmată de o stare de bine. Nu reapare decât câteva ore mai târziu, după ce organismul şi-a consumat resursele pe care i le-ai oferit la masa anterioară.

Dacă foamea devine dureroasă, poate semnifica o afecţiune gastrică sau duodenală (adică ulcer sau gastrită). Toate celelalte tipuri de foame se pot trata sau păcăli cu apă, ceai sau tot feluri de alte tertipuri, dar nu te sfătuiesc să faci asta cu foamea reală. Mai ales dacă este persistentă, dacă apare imediat după ce ai mâncat sau la câteva ore, dacă este însoţită de gust acru sau amar şi cere „ceva făinos" de tipul pâinii prăjite sau covrigeilor uscaţi pentru a fi potolită, înseamnă că problema este serioasă şi nu trebuie tratată nici cu apă, nici cu covrigei. Consultă medicul de familie sau un medic gastroenterolog pentru diagnosticare şi tratamentul corect.

RĂSPUNDE SINCER!

Fă acest exercițiu data viitoare când vei simți că îți este foame. Încearcă să identifici de unde vine senzația. Ce anume te îndeamnă să mănânci? Unde se simte foamea?

Ca și atunci când ne este foame, în timp ce mâncăm, organismul traversează o serie de senzații extrem de relevante pentru determinarea comportamentului alimentar al celui care se hrănește.

Senzația plăcută de satisfacție. Simți gustul mâncării, felul în care se îmbină aromele, încântându-ți simțurile. Este un moment plăcut, asociat cu relaxarea și cu ceea ce se poate numi bucuria de a mânca.

Senzația de sațietate. Se instalează atunci când îți simți stomacul liniștit, umplut rezonabil. Pofta de mâncare a scăzut simțitor și acum te-ai putea ridica de la masă fără nicio frustrare.

Senzația de îmbuibare. Deja stomacul este mai mult decât plin, a depășit senzația de sațietate. Hainele și cureaua de la pantaloni încep să te strângă.

Senzația de balonare. Se creează impresia unei greutăți neplăcute în abdomen și te simți ca și cum tocmai ai fi înghițit un bolovan. Nu mai există cale de scăpare: este musai să desfaci cureaua pantalonilor sau să îi lărgești strânsoarea, pentru a detensiona zona abdominală.

Senzația de greață. Se instalează starea de rău, cu o durere răspândită difuz în abdomen și senzație de greață. Nu îți găsești locul, te miști și respiri greu din cauza stomacului prea plin și prin minte îți trec tot felul de gânduri: „Ce-o fi fost în capul meu de am mâncat atât de mult?“.

Starea neutră. Există și acest stadiu al relației cu mâncarea, în care, indiferent dacă există alimente prin preajmă sau la îndemână, nu le iei în considerare pentru că te preocupă cu totul altceva și ai o stare de bine.

Am discutat despre foame, ca stare funcțională periodică a organismului, și despre senzațiile fizice care o însoțesc, dar, așa cum te-am prevenit, comportamentul alimentar implică o serie de factori psihologici, sociali sau emoționali care nuanțează modul în care ne raportăm la mâncare. Acesta însumează toate obiceiurile, manifestările și modalitățile de acțiune care au legătură cu ce, când, cum, unde și de ce mănânci. În majoritatea covârșitoare a cazurilor, relația cauză-efect dintre a-ți fi foame și a mânca este înlocuită de o variantă mult mai complicată.

CUM NE-AU ÎNVĂȚAT FAMILIA ȘI SOCIETATEA SĂ MÂNCĂM

Comportamentul alimentar al fiecăruia dintre noi este influențat de o multitudine de factori: cei de comportament alimentar preluat din familie, prezenți în peste 50% din cazurile de obezitate, cei biologici, care țin de fiziologie și stimulii senzoriali, cei psihologici și emoționali sau cei sociali (mediu, religie, statut social).

Ți se va părea o idee cel puțin inedită în primă fază, mai ales dacă părinții sau bunicii tăi nu se confruntă cu problemele de greutate care te apasă pe tine. Cum este posibil să fi moștenit comportamentul alimentar care ți-a adus un surplus de kilograme de la membrii familiei tale trași ca prin inel? Nu numai că organismul fiecărei persoane se dezvoltă diferit, dar și mâncarea de astăzi are altă calitate, proveniență și valoare nutritivă decât în trecut. Dar există un lucru pe care îl avem în comun cu toate generațiile de dinaintea noastră: felul în care ne raportăm la mâncare.

Mai mult decât o nevoie fiziologică, mult mai mult şi decât o plăcere, mâncarea reprezintă una dintre cele mai des întâlnite modalităţi prin care ne exprimăm iubirea. Sunt absolut sigură că nu îţi este nici ţie străină ideea că „dragostea trece prin stomac". Uneori chiar mai mult decât prin mângâieri, îmbrăţişări sau declaraţii, dragostea mamei pentru copil, a bunicilor pentru nepoţi sau cea dintre soţi găseşte o cale de împlinire prin intermediul mâncării. Preocuparea pentru procurarea alimentelor preferate, dedicarea cu care sunt pregătite bunătăţile, dar şi servirea acestora din abundenţă reprezintă un limbaj codat ale cărui semnificaţii cuprind grija, dragostea, atenţia, afecţiunea.

” *Plăcerea unei mese bune aparţine tuturor vârstelor, tuturor condiţiilor, în toate ţările şi în toate zilele; ea poate fi asociată cu toate celelalte plăceri şi rămâne în cele din urmă să ne consoleze de pierderea celorlalte.* “

Jean Anthelme Brillat-Savarin

Mâncarea bună a fost cândva un lux rezervat numai celor binecuvântaţi de soartă, de aceea a devenit sinonimă cu răsfăţul. Pe de altă parte, pentru mulţi oameni poate fi extrem de dificil să îşi exprime sentimentele într-un mod articulat, să îşi deschidă sufletul. Ce noroc că există mâncarea pentru a îndeplini aceste sarcini în locul cuvintelor profunde sau al gesturilor de afecţiune! De fapt, eu nu l-aş numi noroc, din cauză că un astfel de mecanism de acţiune şi gândire devine responsabil pentru relaţia strânsă cu mâncarea din care nu avem de câştigat decât multe kilograme în plus.

Reuniunile cu prietenii, colegii sau membrii familiei gravitează de obicei în jurul meselor îmbelşugate. Dacă noi considerăm că mâncarea ne uneşte, nu este de mirare că rămânem în continuare ţintuiţi la masă până devorăm cele trei feluri obligatorii, chiar dacă ne-am săturat undeva între supă şi felul al doilea. În cultura noastră, a termina totul din farfurie este o virtute.

Asta înseamnă să îți cultivi norocul („Mănâncă până la ultima bucățică, altfel îți pierzi norocul!"), să câștigi recompensele mult dorite („Dacă vrei să primești desert, trebuie să mănânci tot ce ți-am pus în farfurie."), să nu nesocotești șansa care ți s-a oferit în viață („Alții ar da orice să mănânce ce am pus acum pe masă."). Nici mie nu îmi place deloc ideea de a risipi mâncarea, dar există o alternativă mult mai sănătoasă, economică și corectă din punct de vedere etic: mănâncă atât cât îți cere organismul, nu emoția de moment, iar dățile viitoare cumpără și gătește mai puțin, în funcție de nevoile tale reale.

Pe de altă parte, la toate aceste obiceiuri dobândite în familie se adaugă și multitudinea de semnale cu care ne bombardează societatea în perpetuă transformare în care trăim. În primul rând, ne lăsăm ademeniți de tentațiile frumos ambalate și intens procesate de pe rafturile hipermarketurilor.

În al doilea rând, trăim cu nostalgia gustului autentic al bucatelor pregătite de părinți și bunici, de aceea consumăm fără restricții și mâncărurile tradiționale care ne amintesc de vremurile idilice ale copilăriei.

Ca tabloul să fie complet, ne aliniem și la tendințele de ultimă oră, ascultând îndemnul mass-media de a elimina toxinele din corp, mâncând bio, alegând alimente sănătoase pe bandă rulantă, fără să ne întrebăm care este încărcătura calorică pe care o adaugă la planul nostru nutrițional inițial. Apoi, ca și cum deja n-ar fi de ajuns, industria de consum și cea publicitară își mai dau o dată mâna pentru a pune cireașa pe acest tort al abundenței: pastilele care promit că ne înlesnesc și ne ușurează digestia, astfel încât să putem depăși atenționările stomacului și să mâncăm cât mai mult. Acesta este traseul pe parcursul căruia s-au format comportamentele alimentare pe fondul cărora acumulăm kilograme pe care e din ce în ce mai greu să le dăm jos.

Dacă realizezi că mănânci de multe ori fără să îți fie foame, dacă nu te poți opri din mâncat după ce ai atins senzația de sațietate, dacă gândul la mâncare este prezent în mintea ta permanent, condimentat nu numai cu poftă, ci și cu frustrare, dacă kilogramele în plus nu te părăsesc, dacă dietele au devenit un calvar pe care nu-l mai poți depăși, a venit momentul să îți analizezi cu deplină onestitate comportamentul alimentar. Ca în oricare altă situație în care pornești la drum cu dorința de a descâlci o problemă care nu-ți dă pace, și de această dată conștientizarea este primul pas spre rezolvare.

ÎNCEARCĂ ȘI TU!

Testul foii de hârtie. Scrie ceva, orice, pe o foaie de hârtie, după care apropie foaia până la 2 centimetri de ochi și încearcă să citești scrisul. Îndepărteaz-o apoi 10 centimetri și vezi dacă apare vreo schimbare. Vezi textul la fel de neclar? Apoi așază foaia la aproximativ 25-30 de centimetri de ochi. Nu-i așa că acum poți să citești textul fără efort? Ce se întâmplă însă dacă o îndepărtezi la 5 metri, mai vezi ceva?

> „*Viața este 10% ceea ce ți se întâmplă și 90% cum reacționezi la ceea ce ți se întâmplă.*"
>
> Charles R. Swindoll

Atunci când suntem profund implicați într-o situație, nu avem o imagine de ansamblu, așa cum nu vedem nici scrisul de pe hârtie dacă o ținem foarte aproape de ochi. Pe măsură ce ne detașăm și privim situația nu din postura de actor, ci din cea de spectator, apar și clarificările. În același timp, să avem grijă să nu ne detașăm foarte tare de situație, fiindcă s-ar putea să nu facem altceva decât să băgăm problema sub preș, din cauză că nu o mai distingem clar, la fel cum se întâmplă și când depărtăm prea mult foaia de hârtie.

IDENTIFICĂ TIPUL DE COMPORTAMENT ALIMENTAR CARE TE REPREZINTĂ!

Conştientizarea este primul pas pe care îl putem face pentru a ne crea noi obiceiuri alimentare, iar după aceea se produce în mod natural şi schimbarea propriu-zisă. Conştientizează toate obiceiurile care îţi sabotează silueta, sănătatea şi starea de bine într-o notă pozitivă, care să deschidă calea pentru schimbarea ulterioară a comportamentului ce ţi-a adus neajunsuri până în acest moment: „Am o problemă, însă aleg să o tratez ca pe o provocare, căci ştiu că am suficientă forţă interioară să o rezolv!".

Subliniez necesitatea de a completa un jurnal alimentar, pentru că abia atunci când vei vedea negru pe alb în faţa ochilor lista mâncărurilor pe care le consumi zilnic o să poţi ieşi cu mintea limpede din ceaţa în care te cufundai la finalul fiecărei zile: „N-am mâncat mai nimic astăzi, şi totuşi nu am slăbit niciun gram. Cântarul parcă e făcut să mă saboteze!".

Următorul pas este să accepţi că modul în care arată în acest moment relaţia ta cu mâncarea reprezintă un automatism pe care ţi l-ai format de-a lungul timpului. Ca şi cum la un moment dat ai fi descoperit o soluţie care a dat roade pe termen scurt, dar, aplicată pe termen lung, are valenţe distructive. Adevărul este că majoritatea persoanelor simt mai mereu senzaţia de foame din cauză că urmează o dietă defectuoasă, bogată în calorii, dar săracă în nutrienţi. Hidratarea, somnul suficient, ajustarea dietei sau adoptarea unei diete sănătoase alcătuite din combinaţii potrivite pentru fiecare masă în parte rezolvă în numai câteva zile problema senzaţiei permanente de foame.

Nu este vina ta că îţi găseşti refugiul în mâncare, că mănânci în situaţii nepotrivite sau că ai un stil de a te hrăni care ar putea fi descris mai fidel de verbul „a înfuleca" decât de „a mânca". În jumătate din apariţiile lui, Joey din serialul *Friends* deschide frigiderul și înfulecă de toate, este ironizat de prietenii lui pe această temă, dar în același timp rămâne cel mai simpatic personaj. Așa că nu te mai învinovăți! Tratează-te cu blândețe și înțelegere, așa cum ai face cu un prieten care a venit în fața ta să îți povestească despre problemele lui, în căutarea unor soluții. Oricât de adânc înrădăcinate ar fi anumite obiceiuri nocive, ele pot fi zdruncinate și reclădite din temelii.

> „*Mai întâi, ne formăm obiceiurile, apoi acestea ne formează pe noi. Învinge-ți obiceiurile proaste sau te vor învinge ele pe tine.*"
>
> *Rob Gilbert*

Comportamentele alimentare care ne aduc povara kilogramelor în exces sunt de cele mai multe ori rezultatul unor alegeri pe care le facem inconștient, condiționați de obiceiurile dobândite în copilărie, de rutina imprimată de mediul în care trăim și lucrăm, de emoțiile pe care, neștiind cum să le decodăm, nu reușim nici să le echilibrăm. Oricare ar fi motivele ce te fac să-ți fie foame mereu, acestea sunt trecătoare, pot fi tratate sau ținute sub control, cu condiția să fie identificate corect.

În continuare, te voi ajuta să identifici tipul de comportament alimentar care te reprezintă. Apoi voi detalia caracteristicile fiecărui tip de comportament alimentar problematic și soluțiile aferente. Cea mai bună modalitate de a întrerupe acest cerc vicios este să îi înțelegi capcanele.

RĂSPUNDE SINCER!

Bifează răspunsul care te caracterizează în dreptul fiecărei afirmații, după cum urmează: Niciodată = (0), Câteodată = (1), Deseori = (2).

	Afirmații	(0)	(1)	(2)
1.	Mănânc mai mult când iau masa împreună cu familia sau prietenii.	☐	☐	☐
2.	Mănânc mai mult la mesele de sărbătoare.	☐	☐	☐
3.	Mănânc mai mult la evenimente sau când ies cu colegii în oraș.	☐	☐	☐
4.	Mănânc mai mult când sunt în concediu.	☐	☐	☐
5.	Mănânc mai mult când sunt în compania altor oameni care mănâncă.	☐	☐	☐
6.	Mănânc atunci când văd sau miros anumite feluri de mâncare.	☐	☐	☐
7.	Mănânc datorită gustului foarte bun al mâncării.	☐	☐	☐
8.	Mănânc pentru că poftesc anumite mâncăruri.	☐	☐	☐
9.	Consum mult timp și efort pentru a procura alimentele de care mi-e poftă.	☐	☐	☐
10.	Mă uit frecvent la emisiuni despre mâncare și mă pasionează să testez rețete noi.	☐	☐	☐
11.	Când mă pun pe mâncat, uneori simt că nu mă mai pot opri.	☐	☐	☐
12.	Mi se întâmplă să mănânc cantități mari de mâncare într-un timp foarte scurt.	☐	☐	☐
13.	Ronțăi câte ceva și după ce mă ridic de la masă, fiindcă nu simt că m-am săturat.	☐	☐	☐
14.	Când iau o înghițitură din ceva care îmi place foarte mult, pofta devine incontrolabilă.	☐	☐	☐
15.	Uneori mă îngrijorez, fără nicio justificare, că nu voi avea destulă mâncare.	☐	☐	☐
16.	Nu am mese regulate, mănânc ce apuc, de unde apuc, unde apuc.	☐	☐	☐

	Afirmații	(0)	(1)	(2)
17.	Ciugulesc mereu între mese.	☐	☐	☐
18.	Mănânc în timp ce gătesc sau ce rămâne de la ceilalți, ca să nu arunc mâncarea.	☐	☐	☐
19.	Mă satur repede, înainte să-mi termin porția din farfurie.	☐	☐	☐
20.	Mi se întâmplă câteodată să mi se facă atât de foame, încât să simt că leșin.	☐	☐	☐
21.	Mănânc mai mult când am o stare de bine.	☐	☐	☐
22.	Mănânc mai mult când mă copleșesc grijile sau problemele.	☐	☐	☐
23.	Mănânc mai mult în singurătate, când am o stare depresivă.	☐	☐	☐
24.	Am tendința să mănânc de câte ori apare plictiseala.	☐	☐	☐
25.	Mănânc mai mult când trec printr-o perioadă stresantă.	☐	☐	☐

Afirmațiile 1-5. Dacă ai un scor peste 5, înseamnă că mănânci social.

Afirmațiile 6-10. Dacă ai un scor mai mare de 5, te caracterizează mâncatul senzorial.

Afirmațiile 11-15. Dacă ai un scor peste 5, înseamnă că ai mai degrabă un tipar compulsiv de a te alimenta.

Afirmațiile 16-20. Dacă scorul tău depășește 5, te confrunți cu mâncatul dezordonat.

Afirmațiile 21-25. Dacă ai însumat peste 5 puncte, te încadrezi în tiparul mâncatului emoțional, care recunosc că mă caracterizează și pe mine.

Dacă ai descoperit că ai scoruri mari la mai multe secţiuni şi te întrebi dacă poţi avea mai multe tipare de comportament alimentar, răspunsul este da, acestea coexistă şi ne dau mari bătăi de cap. De multe ori, atunci când credem că am rezolvat una dintre probleme, ne-am disciplinat, ne-am organizat mesele, am învăţat să savurăm mâncarea, apare tiparul emoţional care ne ia de obicei pe sus şi ne duce într-o zonă de multe ori greu, însă nu imposibil de controlat. Dar să le luăm pe rând.

MÂNCATUL SOCIAL

Ţie de câte ori ţi se întâmplă să mănânci doar pentru că te afli în compania celor dragi sau a unor oameni cu care îţi petreci timpul pentru a obţine preţiosul sentiment de bucurie a relaţionării? Cu toţii ne găsim în această situaţie la un moment dat, pentru că mâncatul în preajma celorlalţi intensifică sentimentul plăcut de comuniune şi devine parte din procesul de socializare.

> „*Cred că orice este posibil atât timp cât mintea ta se concentrează la asta şi îţi dedici timpul şi munca acestui scop. Cred că, într-adevăr, mintea controlează totul.*"
>
> Michael Phelps

Există mai multe tipuri de mâncat social, iar în continuare vom demasca mecanismele care „hrănesc" acest obicei, identificând totodată strategiile salvatoare pentru siluetă, care să îţi permită să accepţi în continuare invitaţiile la mese în oraş sau la mese de sărbătoare şi să participi la evenimente formale sau mai puţin formale alături de colegii de serviciu, fără repercusiuni a doua zi pe cântar. Căci soluţia nu este să te izolezi, ci să te bucuri de o viaţă socială bogată, preluând controlul în relaţia cu mâncarea.

Mâncatul din dorința de integrare

Dacă mănânci mult în preajma altor oameni, mâncatul excesiv poate rezulta din faptul că ceilalți te încurajează direct sau indirect să mănânci. Gurmanzii te pot seduce lăudând mâncarea, iar puterea exemplului are un efect decisiv asupra apetitului tău. Dorința de integrare te determină să consumi în exces pentru a diminua sentimentele de nepotrivire sau de neapartenență la grup.

Mâncatul social din dorința de integrare poate deveni un stil de viață. Bei o cafea în loc de mic dejun, apoi te duci la serviciu, unde știi că te așteaptă gustări și bombonele, din care te înfrupți împreună cu colegii, la un pahar de suc acidulat și îndulcit zdravăn. Pe la prânz, comandați mâncare sau mergeți la restaurant, eventual undeva unde vânați ofertele cu meniuri complete sau bonusuri incluse, de genul „la trei pizze, ai una gratis".

Iar seara ajungi acasă și mănânci cu familia, care te așteaptă cu un adevărat ospăț, de teamă că n-ai apucat să mănânci mai nimic toată ziua. Sau alegi un alt scenariu pentru cină, chiar mai bogat în calorii: te duci la un fast-food și la un film cu prietenii, mănânci carne și cartofi prăjiți și ronțăi o pungă XXL de floricele de porumb, apoi îți termini ziua ciugulind ceva bun în fața televizorului, chiar înainte să adormi. Rezultatul: îți croiești un stil de viață care îți permite să depășești cu ușurință 4000 de Calorii pe zi, iar în aceste condiții devine practic imposibil să îți ții greutatea sub control.

Soluție: Refuză politicos invitația de a da o tură la fast-food sau de a comanda felurile de mâncare înecate în grăsime și garnisite cu exces de calorii, chiar dacă prietenii sau colegii ți le recomandă ca fiind de departe cele mai delicioase. Apelează cu încredere la o serie de scuze, pe care să le servești elegant celorlalți. Poți spune că ai o problemă de sănătate care te împiedică să mănânci anumite preparate, că faci un tratament (cu antibiotic, dacă ți se oferă alcool), că ţi-ai propus ca timp de 10 zile să nu mai consumi niciun aliment care are zahăr în compoziţie, că ai început o dietă specială.

Comandă o supă clară sau o salată simplă, fără dressing adăugat şi mănâncă ceea ce ţi-ai adus la pachet; studiile au demonstrat că persoanele care vin cu mâncarea de acasă cântăresc cu 5 kilograme mai puţin decât colegii lor care depind de mâncarea de la cantină sau de la restaurant. Dacă mâncatul social îţi dă sentimentul integrării, bunătăţile preparate de tine îţi vor da un alt sentiment minunat, pe cel al unicităţii. În plus, îţi stimulează creativitatea şi îţi vor întări încrederea în tine, pe măsură ce te vei perfecţiona. De asemenea, le poţi face şi prietenilor o surpriză plăcută, invitându-i la o masă *light* şi o conversaţie savuroasă.

Nu cred că ţi-ai închipuit până acum cât de repede poţi prepara o plăcintă care să stârnească numai exclamaţii de bucurie din partea prietenilor şi a membrilor familiei. Ce spui, aşadar, de o plăcintă cu spanac şi ciuperci?

Alege să foloseşti foi de plăcintă din făină integrală, spanac congelat (pentru a economisi timp fără a pierde nutrienţii esenţiali) şi lapte parţial degresat. Apelează cu măsură la ulei (o lingură la 3 porţii) şi fără restricţii la condimentele şi ierburile aromate preferate (cele pe care pariez eu în această combinaţie sunt pătrunjelul, chimionul, piperul şi nucşoara).

Mâncatul din obişnuinţă

În majoritatea familiilor, reuniunile se petrec în faţa unei mese îmbelşugate fiindcă „aşa se obişnuieşte la noi", „aşa se face". Nu este deloc exclus ca gazda să se supere dacă nu mănânci pe săturate din toate felurile de mâncare pe care le-a pregătit cu trudă şi pasiune. Fiindcă nu poţi să refuzi, ca să nu îi superi pe cei dragi şi să nu pară că le nesocoteşti efortul, îţi umpli stomacul în neştire.

Soluție: Alege mâncărurile mai puțin calorice de pe masă. Este adevărat că „doar o dată-n an e Crăciunul", „doar o dată e sărbătoarea de Paști", dar, la fel de adevărat, „și mâine e o zi". De aceea, te sfătuiesc să nu refuzi bunătățile care se întind în fața ochilor tăi, ci să guști din toate și să ceri la pachet pentru a doua zi. Mamelor, bunicilor, mătușilor, membrilor familiei gurmanzi sau pasionați de gătit nu le poți spune că nu îți trebuie nimic. În primul rând, le rănești sentimentele și, în al doilea rând, de ce să nu recunoaștem, tot vor face pregătiri demne de o nuntă împărătească. Vorbește dinainte și roagă-i să-ți facă ceva ce consideri că ar fi potrivit să mănânci, iar ei vor fi mai mult decât bucuroși să pună pe masă exact bucatele care vor fi apreciate.

Mâncatul la ocazii neașteptate

Fie că este vorba despre o aniversare, o invitație la un eveniment monden sau o vizită care trebuia să fie fulger dacă gazda n-ar fi pus pe masă mâncare cât pentru o echipă de fotbal, ocaziile de mâncat social se ivesc la tot pasul. Mai mereu apare un coleg care îți oferă o bomboană, un covrigel, o felie de pizza, iar refuzul nu este o variantă viabilă, fiindcă riști să îți fie servite argumente sau rugăminți cărora pur și simplu nu le poți ține piept. Tuturor ni s-a întâmplat să auzim replici de genul „Vai, dragă, tocmai azi te-ai gândit să ții dietă, când e ziua mea! Hai că n-o fi foc, lasă că ții de mâine, doar nu e în fiecare zi ziua mea".

Soluție: Nu sta cu farfuria goală, ca să nu atragi atenția asupra ta, ci încearcă să transformi ceea ce se servește într-un prânz echilibrat caloric și potrivit pentru tine. Și, foarte important, nu refuza bomboana, ci accept-o politicos și bag-o în buzunar! Vei înțelege exact de ce am ales acest exemplu, după ce îți voi povesti o experiență destul de neplăcută pe care am avut-o la o aniversare.

De obicei, nu mănânc dulciuri dacă nu-mi plac și nici nu ciugulesc între mese. Dar s-a întâmplat la un moment dat să fiu servită, într-un grup, cu o bomboană. Am refuzat instinctiv: „Nu-mi trebuie, mulţumesc.", „Nu pot să mănânc ciocolată acum.", dar privirea persoanei din faţa mea şi comentariile celor din jur nu mi-au picat deloc bine. Alături de mine am observat cum o persoană despre care ştiam că este la dietă a acceptat liniştită bomboana, a mulţumit, a urat „La mulţi ani!", a zâmbit, nici vorbă să creeze vreun moment neplăcut pentru ea sau ceilalţi invitaţi. Ceea ce a urmat a reprezentat o adevărată lecţie pentru mine: a strecurat uşor bomboana în buzunar, iar pe drumul către ieşire a oferit-o altcuiva. Mi s-a părut un gest foarte elegant – nici nu şi-a perturbat dieta, nici nu s-a poziţionat într-un fel agresiv, cum mi s-a întâmplat mie. Am apreciat mult această strategie şi de atunci nu mai refuz niciodată o bomboană, văd eu mai departe ce fac cu ea...

„*Lucrurile nu sunt greu de făcut. Greu este să te pui în stare de a le face.*"

Constantin Brâncuși

Strategii salvatoare pentru siluetă când mănânci la restaurant sau cu prietenii

Nu pleca niciodată cu stomacul gol. Ia-ți micul dejun ca de obicei, apoi respectă programul tău normal de mese, până la momentul întâlnirii stabilite cu cei dragi. Chiar te sfătuiesc să mănânci mai puţin decât de obicei, dat fiind faptul că urmează un așa-zis ospăț, dar nu este deloc în avantajul tău să te așezi la masă cu foamea în gât, cu stomacul gol și cu pofta cât casa. Un organism înfometat va fi întotdeauna la cheremul poftelor de moment și va deveni victima exceselor alimentare. Dacă tu găzduieşti evenimentul, mănâncă puţin înainte de venirea invitaţilor. Astfel, îţi va fi mult mai uşor să alegi cu grijă alimentele potrivite pentru tine dintre toate bunătățile hipercalorice care îți fac cu ochiul.

Am o propunere specială pentru tine: mic dejun cu... cafea. Dacă te întrebi ce poate fi special la un mic dejun alături de care să servești și o cană de cafea, pregătește-te de o mare surpriză. Iată o idee de mic dejun care nu seamănă cu ceea ce ai încercat până acum. Este atât de aromat și de simplu de preparat, încât nu vei mai sta pe gânduri înainte să mănânci de dimineață, mai ales că se pregătește cu o seară înainte, extrem de rapid.

Pune într-un bol 2-3 linguri de cereale integrale și toarnă peste ele un pic de cafea rămasă de dimineață, pentru aromă. Alege o piersică sau o nectarină coaptă și taie-o în bucăți, pe care le presari peste cereale. Adaugă un iaurt mic degresat deasupra și lasă bolul la frigider până dimineață. Înainte de servire poți să adaugi o linguriță de miere și să presari deasupra o linguriță de nucă pisată. Vei obține o budincă delicioasă! Dacă nu ai timp să mănânci acasă, poți prepara micul dejun într-o caserolă mică, pe care să o iei a doua zi cu tine la serviciu.

Nu trăda principiile unei alimentații sănătoase. Ai nevoie în primul rând de proteine, pentru că îți pot asigura o senzație de sațietate durabilă, datorită faptului că organismul tău își rezervă mai mult timp pentru a le digera și absorbi. Așadar, optează pentru proteine slabe din surse animale, precum carnea de pui, curcan sau pește – pregătite la grătar, la cuptor sau la abur –, ori pentru proteine vegetale: fasole bătută, pastă de năut, tofu sau ciuperci. Alături de sursa de proteine aleasă, comandă o garnitură sau o salată din legume fără amidon și verdețuri, pentru a completa paleta nutrițională cu fibre, vitamine și minerale.

Ține cont de faptul că mesele de sărbătoare sunt speciale. Transformă-te într-un gurmand rafinat și investește-ți caloriile în feluri de mâncare deosebite, dintre cele pe care nu ai ocazia să le mănânci în orice zi. Acum este momentul să consumi tobă, sarmale, drob, cozonac, pască. Încearcă, însă, să controlezi cantitatea de alimente sățioase pe care o mănânci: îți umpli o singură dată farfuria cu preparate mai pretențioase, apoi îți mai pui o jumătate de porție numai din ceea ce ți-a plăcut în mod special. Chiar dacă sunt o constantă în tot restul timpului, îți recomand să mănânci și acum legume crude, fiindcă organismul tău are nevoie de nutrienți de calitate.

Bine ai venit în Paradis! Căci nu știu cum altfel ar putea să se numească lumea în care este posibil să mănânci și sărmăluțe, un fel de mâncare tradițional, sățios și savuros, și în același timp să îți protejezi și silueta. Permite-mi să fac o predicție: după ce vei face sărmăluțe dietetice, Crăciunul va veni de mai multe ori pe an, căci le vei prepara cu plăcere de fiecare dată când îți va fi dor de copilărie și de gustul bun al mâncărurilor de altădată.

Tot ce trebuie să faci este să ai grijă să nu folosești carne de lucru grasă, ci mai degrabă o carne macră, pulpă sau cotlet, de exemplu. Călește ceapa cu cel mult o lingură de ulei pentru fiecare kilogram de compoziție, pentru a păstra caloriile la un nivel redus. Pune între rândurile de sărmăluțe câte un rând de varză, astfel vei avea o garnitură generoasă și sățioasă. Desigur că poți mânca și cu smântână, cu condiția să alegi varianta degresată (12% grăsime).

Bucură-te de companie, nu numai de consumație. Întâlnirile cu oamenii dragi înseamnă mult mai mult decât aperitive pretențioase, fripturi suculente și torturi spectaculoase. Schimbul de energie pozitivă dintre noi cântărește mai mult decât orice fel de mâncare, chiar dacă este pregătit de cel mai iscusit chef bucătar. Accentul merită să cadă pe idei, impresii, glume, amintiri, povești și replici calde, de aceea te îndemn să dai frâu liber simțului umorului mai degrabă decât poftelor.

Nu cred că mai există cineva care să nu fi observat că, mai ales în ultimii ani, ne întâlnim în jurul mesei, dar petrecem o mare parte din timp cufundați fiecare în propriile telefoane sau tablete. Rezistă tentației de a te refugia în lumea virtuală, pentru o experiență reală infinit mai satisfăcătoare pentru minte și spirit, interacţionând cât mai autentic cu ceilalţi oameni. Uneori, o conversaţie de calitate poate fi cel mai bun antidot pentru mâncatul emoţional.

Foloseşte hainele în favoarea ta. Îţi voi împărtăşi trucul meu preferat, la care apelez de fiecare dată când mă pregătesc pentru o petrecere cu mâncare din abundenţă. În astfel de situaţii, nu mă îmbrac cu haine largi, ci aleg piese vestimentare care urmează linia corpului. O fustă strâmtă, o cămaşă cambrată, o rochie sau o curea care marchează talia m-au salvat de multe ori de la potenţiale excese alimentare. Poate că şi tu, aşa cum am văzut multe persoane procedând, preferi să te îmbraci cât mai lejer, ca să poţi masca burta plină de mâncare, însă nu de camuflaj ai nevoie, ci de un artificiu care să te ajute să nu mănânci mai mult decât îţi este necesar.

Respectă un set de reguli simple atunci când comanzi. În primul rând, optează pentru un lichid cald, un ceai sau o supă, pentru că îţi vor oferi rapid senzaţia de saţietate. Alege legume sau salate ca garnituri pentru carne, în loc de orez, paste sau pâine. Nu adăuga sosuri sau dressinguri, evită alimentele prăjite, gratinate sau pane şi refuză coşul cu pâine şi gustările sărate care îţi sunt oferite din partea casei (alune prăjite, sticksuri, chipsuri etc.). Dacă primeşti o băutură carbogazoasă gratuită, refuz-o şi cere în schimb apă simplă. Evită cocktailurile create din alcool tare şi rafinat cu diverse sucuri ori siropuri, din cauză că au un conţinut caloric pe măsura gustului dulce. Un pahar de vin reprezintă alternativa ideală. Comandă o porţie de desert – de preferat o tartă sau o spumă de fructe – împreună cu un prieten, ca să mâncaţi jumătate-jumătate.

Gustă câte puţin din mâncarea celorlalţi. Şi acesta este un truc pe care îl pun mereu în aplicare la mesele bogate: mănânc din farfuria mea, dar gust din bunătăţile care îmi fac cu ochiul din farfuriile comesenilor. Îmi comand feluri de mâncare cât se poate de echilibrate, însă îmi fac pofta gustând din bucatele alese ale prietenilor mei.

La mesele tip bufet suedez, când toate deliciile aspiră să ajungă în farfuria mea, aplic altă strategie pentru a nu depăși o porție standard. Trebuie să recunosc că nu îmi iese nici mie chiar de fiecare dată, dar de obicei îmi iau o farfurie mai mică, pe care o umplu ca să pară foarte plină și îmi dau voie să mănânc fără grijă până la ultima îmbucătură. Dar intrăm deja pe teritoriul următorului tipar de comportament alimentar, cel senzorial, legat de poftele care ne domină, strâns legat la rândul lui de mâncatul compulsiv, căci, așa cum spus, comportamentele alimentare problematice se împletesc, se suprapun și ne provoacă la unison.

MÂNCATUL SENZORIAL (DE POFTĂ)

Pofta se definește simplu ca dorința de a mânca în absența foamei. Da, în absența foamei! Te-ai întrebat vreodată de ce nu ți-e poftă de spanac sau de varză de Bruxelles, de broccoli, conopidă ori de tărâțe de ovăz? În fond, sunt superalimente doldora de nutrienți...

Nu greșim dacă spunem că în ograda spanacului s-a adunat tot alfabetul vitaminelor și mineralelor, cu beneficii dovedite pentru profilaxia și ameliorarea multor afecțiuni. Proprietățile sale nutritive îl plasează în topul recomandărilor pentru alimentația celor mici. Și acum te întrebi probabil cum de și-a câștigat, alături de broccoli, o reputație de legumă fără gust prea apetisant.

Dacă nici pe tine nu te încânta până acum să mănânci spanac, se întâmpla din cauză că nu ai încercat această delicioasă (și dietetică!) omletă. Nu ai nimic altceva de făcut decât să amesteci ouăle cu condimentele preferate, un pic de ceapă verde, mărar și brânză de vaci, peste care să adaugi spanacul opărit în prealabil. Alege să gătești omleta într-o tigaie antiaderentă, cu doar câteva pufuri de ulei. Te asigur că va ieși la fel de gustoasă, însă mult mai dietetică. Iar tu te vei putea bucura de gust, fără grija kilogramelor în plus.

Poftele sunt o iluzie creată, în timp de obiceiurile alimentare – o dependență de care poți scăpa cu puțină planificare și control. Unele persoane pur și simplu nu pot rezista tentației vizibile și tangibile. Poate ai văzut o reclamă la înghețată sau ai simțit mirosul de prăjiturele proaspăt scoase din cuptor când ai trecut pe lângă cofetărie. Este suficient să te facă să vrei să mănânci, indiferent dacă îți este foame sau nu.

Pofta apare brusc în diverse situații și nu suportă nicio amânare. Cere un anumit tip de aliment și nu va fi satisfăcută de nimic altceva. Cu un minut în urmă, nici măcar nu te gândeai la mâncare, iar acum te chinuie deja o foame îngrozitoare și simți că trebuie neapărat să mănânci. Vrei inevitabil ciocolată, bomboane sau alte dulciuri, foietaje, pizza sau alte produse de fast-food. Doar un anumit aliment îți poate oferi satisfacția dorită, și, de ce să nu recunoaștem, și sentimentele de vină și regret care urmează după satisfacerea poftei.

Cum faci diferența între foame și poftă?

Unde se manifestă senzația:
Foamea se simte în stomac.
Pofta este localizată deasupra gâtului (stomacul-fantomă). Nevoia imperioasă de a mânca începe din gură, unde dorești să simți un anumit gust, și persistă în creier.

Cum apare senzația:
Foamea apare treptat, printr-un cumul de senzații, și este răbdătoare. Inițial, poate fi potolită cu un pahar cu apă.
Pofta apare brusc și nu suportă amânare.

Ce poți face:
Foamea poate fi potolită cu orice tip de mâncare.
Pofta cere un anumit tip de aliment și nu va fi satisfăcută de nimic altceva.

Cum dispare senzația:
Foamea dispare discret după ce corpul primește suficientă hrană și reapare câteva ore mai târziu. Este urmată de o senzație plăcută de sațietate.
Pofta este urmată de sentimente de vină și regret.

Dr. David Kessler, medic american cercetător în domeniul nutriției, a încercat să găsească o explicație pentru pofta insațiabilă de mâncare a societății moderne. De ce s-a transformat obezitatea într-o epidemie mondială, iar alimentația echilibrată și gusturile simple au devenit Cenușăreasa pe care nimeni nu vrea să o invite la bal? El susține că oamenii care trăiesc astăzi în societățile dezvoltate mănâncă prea mult din cauză că sunt îndemnați sau, mai mult decât atât, manipulați să cedeze poftelor. Cine deține controlul? Industria alimentară susținută de strategii de marketing eficiente care promovează „alimentele multisenzoriale". S-a ajuns la combinații rafinate cu participarea extraordinară a numeroșilor potențatori de aromă și gust, iar alimentele ultraprocesate, un adevarat deliciu pentru papilele gustative, au ajuns să reprezinte regula, și nu excepția, pe rafturile supermarketurilor.

De exemplu, o înghețată rafinată cu gust de vanilie, mentă și ciocolată, consumată într-o zi caniculară de vară, creează în gură un adevărat montagne russe. Senzația răcoritoare, îmbinarea dintre gustul dulce și textura cremoasă datorată conținutului ridicat de grăsimi transformă o simplă înghețată într-un aliment multisenzorial. Așa cum am explicat la începutul acestui capitol, alimentele bogate în zahăr și grăsimi creează o dependență comparabilă cu cea de droguri sau alcool, determinându-te să cazi în capcana poftelor o dată, încă o dată și încă o dată.

Mă gândesc la o rețetă de înghețată atât de delicioasă, încât nu vei mai pofti la bombele calorice din comerț. În plus, spre deosebire de alte variante de înghețată făcută în casă, are avantajul de a putea fi consumată la puțin timp după preparare.

Alege un mix de fructe de pădure congelate (o mână) și amestecă-le cu îndulcitor și cu iaurt cu 2% grăsime cremos (125 ml). Mie îmi place să adaug o frunză de mentă la final. Poți servi imediat acest desert yummy sau îl poți lăsa o jumătate de oră la congelator, pentru o textură mai solidă.

Reclamele te îmbie să îți rezolvi problemele apelând la magia unui produs alimentar. Femei cu siluete silfide te invită fermecătoare să-l cucerești instantaneu pe bărbatul mult visat cu ceva dulce sau îți arată că bomboanele sunt o dovadă a iubirii. Expunerea repetată și permanentă la imagini publicitare care invită la consumul de dulciuri și produse tip fast-food induc ideea că toate aceste comportamente sunt normale și acceptabile. Apoi te întrebi de ce consideri că este normal să savurezi zilnic „ceva dulce", să faci excese de grăsimi de sărbători sau să asociezi orice fel de distracție cu dulciuri, snackuri sărate și sucuri carbogazoase. Răspunsul este simplu: clișeele sociale ți-au întărit vechea asociere dintre mâncarea nesănătoasă și starea de bine, iar de aici și până la obiceiul zilnic de a ceda poftelor nu mai este decât un pas.

Gândește-te cât de greu ne este nouă, adulților, să ne înfrânăm poftele, să luptăm cu tentațiile și să înțelegem că toate reclamele de la televizor sunt niște spectacole senzoriale și emoționale care să ne facă să cumpărăm și să mâncăm acele alimente procesate, bogate în calorii goale, fără nutrienți, fără vitamine și minerale. Și acum imaginează-ți cum percepe un copil toate aceste reclame și îndemnuri de a mânca și a socializa prin mâncare de tip fast-food, băuturi carbogazoase dulci și tot felul de alte alimente din pungă, sau mai bine zis non-alimente.

La un moment dat, în Săptămâna Școala Altfel, am fost invitată să țin lecții de nutriție. Nu pot uita întrebarea pe care mi-a adresat-o unul din copii: „Doamna doctor, dacă ziceți că alimentele astea sunt așa de rele pentru sănătate, de ce sunt pe toate drumurile, de ce li se face reclamă să le cumpărăm? De ce nu sunt interzise?". Recunosc, m-a blocat această întrebare. Ce puteam să îi răspund copilaşului? Că suntem nişte adulţi inconştienţi şi că ne îngreunăm singuri sarcina de a ne apăra sănătatea?

> „*Speranţa de viaţă ar creşte exponenţial dacă legumele verzi ar mirosi la fel de bine ca şi costiţa.*"
>
> Doug Larson

De ce majoritatea oamenilor poftesc la zahăr combinat în mod nefericit pentru siluetă şi sănătate cu grăsimi, precum îngheţata, torturile, frişca, ciocolata? Sau la cartofi prăjiţi? Răspunsul ne este oferit de oamenii de ştiinţă: dulciurile şi grăsimile creează dependenţă – fiecare pe cont propriu, iar împreună fac o echipă aparent indestructibilă.

Zahărul este un drog asemănător cu opiaceele

Atunci când apare pofta de ceva dulce, se activează aceleaşi zone din creier ca în cazul dependenţilor de droguri care tânjesc după următoarea doză. Răspunsul imediat al organismului la consumul de zahăr este o senzaţie de bine, însoţită de efectul instantaneu de creştere a apetitului. Zahărul declanşează în creier eliberarea unor substanţe numite şi opiacee sau opioide, pe care organismul le produce în mod natural pentru a reduce stresul sau durerea.

Pentru a demonstra că zahărul este un drog similar cu opiaceele, oamenii de ştiinţă le-au administrat iubitorilor de dulciuri participanţi la studiu un medicament care blochează eliberarea opioidelor din creier, iar la scurt timp după acest tratament subiecţii nu au mai arătat niciun interes faţă de dulciuri.

Din păcate, zahărul are un efect devastator pentru organism pe termen lung, comportându-se ca un veritabil hoţ de substanţe nutritive. Organismul îşi foloseşte propriile resurse de calciu, magneziu, crom, cupru și vitamine din grupul B pentru a neutraliza zahărul din sânge.

„*O dietă echilibrată înseamnă câte o prăjitură în fiecare mână.*"

Barbara Johnson

Când mănânci carbohidrați complecși, adică zahăr concentrat sub diverse forme nebănuite precum făina albă din gogoși, covrigi sau alte produse de patiserie și cofetărie, introduci brusc foarte mult zahăr în organsimul tău. Ca răspuns firesc, corpul eliberează hormonul numit insulină, care ajută celulele să utilizeze sub formă de combustibil zahărul consumat în exces sau să-l stocheze pentru mai târziu. Însă aceste excese de zahăr determină corpul tău să producă mai multă insulină decât ai nevoie, ceea ce determină, după scurtă vreme, scăderea bruscă a glicemiei și apariția recurentă a senzației acute de foame.

Medicii o numesc hipoglicemie. Înseamnă că în sângele tău nu există suficient combustibil sau glucoză, ceea ce duce la instalarea unei stări de oboseală, slăbiciune sau amețeală. Se poate întâmpla dacă nu ai mâncat de câteva ore. Dacă ai aceste simptome, medicul îți poate sugera să îți monitorizezi glicemia și să consumi carbohidrați atunci când valorile acesteia scad. Este posibil să simți nevoia să mănânci mai mult, însă medicația poate fi ajustată ca să te ajute să eviți excesele. Asta dacă ai deja diabet zaharat.

Însă, atenție, glicemia scăzută la persoanele supraponderale fără diabet semnifică faptul că pancreasul reacționează producând în mod nepotrivit insulină în exces ca răspuns la consumul de carbohidrați. Acest lucru marchează începutul declinului funcției pancreatice, adică prima fază de debut a diabetului, denumită hipersecreție insulinică și care, perpetuată, obosește pancreasul până la epuizare, adică până la instalarea diabetului de tip 2, boala care ucide anual milioane de oameni în toată lumea.

Precauţia în ceea ce priveşte consumul de zahăr nu presupune automat renunţarea definitivă la tot ceea ce înseamnă desert. Cu un strop de inventivitate, te poţi bucura în continuare de gustul dulce, fără să suporţi şi efectele nocive ale zahărului. Asta pentru că există anumite fructe, precum mărul şi dovleacul, care prin coacere capătă un gust dulce minunat!

Ai nevoie doar de un măr mare, roşu, 2 linguriţe de miez de nucă şi un praf de scorţişoară. Taie mărul în jumătate, presară nucă şi introdu totul la cuptor într-un vas antiaderent, 15-20 de minute, la foc mediu. Când mărul este copt, adaugă scorţişoara deasupra şi savurează-ţi desertul!

Grăsimile sunt inamicul siluetei

Atracţia faţă de mâncărurile grase are la bază tot o dependenţă demonstrată ştiinţific. Cercetările recente de la Universitatea din California arată faptul ca alimentele grase determină corpul să producă anumite substanţe chimice numite endocanabinoide, foarte asemănătoare cu cele din marijuana. Aşa se explică de ce nu te poţi opri uşor după ce ai mâncat doar o porţie mică de cartofi prăjiţi sau chipsuri.

Şi brânzeturile creează dependenţă, după acelaşi model ca zahărul şi grăsimile. La fel ca îngheţata şi untul, brânza şi caşcavalul conţin cantităţi mari de caseină, proteina care în procesul de digestie formează opiaceele numite casomorfine. Când mănânci o felie de brânză, acidul din stomac şi bacteriile intestinale transformă caseina în casomorfine, care au o zecime din forţa liniştitoare a binecunoscutei morfine. Nu este de mirare că îţi place să mănânci unt, îngheţată sau caşcaval afumat: în subconştient, asociezi brânzeturile cu o stare de linişte, calm sau bună dispoziţie.

Dacă încă nu a făcut-o, ştiinţa ar trebui să inventeze conceptul numit „paradoxul cartofilor prăjiţi“: pe de o parte sunt primii pe lista alimentelor pe care le asociem cu pofta de „ceva gras“ (săţios, sărat, spune-i cum vrei), pe de altă parte sunt intrușii capabili să dea peste cap orice regim sănătos și echilibrat. Fiindcă, după cum se știe, cu poftele nu te pui, am găsit o modalitate de a-i include din când în când în masa ta de prânz.

Taie cartofii în rondele subțiri (poți folosi o răzătoare de tip mandolină sau un *peeler*). Lasă-i 10-15 minute în apă rece, apoi scoate-i și șterge-i foarte bine cu un prosop curat. Amestecă-i cu sare, boia și condimente aromate (eu îi fac cu cimbru, măghiran și oregano, dar poți folosi și tarhon) și stropește-i cu câteva pufuri de ulei. Pune-i într-o tavă pe foaie de copt și introdu-i apoi la cuptor. În 20 de minute vei obține chipsuri de cartofi delicioase, dietetice și hrănitoare.

Metode de gestionare a poftelor fără a destabiliza acul cântarului

De multe ori primesc întrebarea „Doamna doctor, eu cum pot scăpa de pofta de dulce?", iar răspunsul meu este același, invariabil. Nu poți scăpa de ea, însă merită să descoperi cum să-i dai curs într-un mod potrivit pentru corpul tău. Cu poftele nu te lupți, ci înveți să le gestionezi, căci întotdeauna te vor domina dacă te vei lua la trântă cu ele. În spatele unei pofte nu se ascunde un singur gând sau o singură emoție, ci un amalgam de emoții, credințe, nevoi neîmplinite.

ÎNCEARCĂ ȘI TU!

Jurnalul poftelor. Notează în agendă ce pofte te stârnesc și în ce context apar. Ce alimente simți nevoia să consumi? În ce moment al zilei se instalează poftele și care este starea ta de spirit? Dacă sunt legate de evenimente stresante sau plăcute din viața ta, înseamnă ca ai nevoie să citești cu atenție capitolul dedicat mâncatului emoțional, căci de multe ori pofta marchează instalarea unui tipar de comportament alimentar cu implicații emoționale.

Decodează mesajul pe care ți-l transmit poftele. Încearcă să privești pofta altfel decât ca pe un dușman înrăit al siluetei. Consideră că este un semnal de alarmă care îți arată că trebuie să înțelegi mai bine atitudinea ta față de mâncare și să faci o schimbare. Mai întâi trebuie să conștientizezi aceste declanșatoare de emoții și senzații aparent irezistibile și apoi să decizi ce ai de făcut. Obișnuieste-ți corpul și mintea să-și ia energia de care au nevoie cu adevărat, la momentul potrivit. De asemenea, cu cât diferențiezi mai repede acele două senzații – foamea și pofta –, cu atât mai ușor îți va fi să-ți înțelegi comportamentul legat de mâncatul senzorial.

Dacă nu-ți schimbi obiceiurile alimentare privind poftele, pe termen lung, orice dietă este muncă în zadar, frustrare pe parcursul procesului și, la final, mai multe kilograme în plus. Ai nevoie să te cunoști, să ai disciplină, să ai echilibru în toate. Nu e nevoie să renunți la tot ceea ce-ți place ca să slăbești eficient. Ideea este să mănânci ce-ți place, dar în cantitatea potrivită, la momentul potrivit și în combinația potrivită. Adică, ai voie să mănânci orice, dar nu oricum, nu oricât, nu oricând și nu în orice combinație!

Aplică tactica celor „5 minute". Așa cum îți spuneam, poftele există doar în mintea ta, obișnuită să gândească într-un anume fel. Poftele nu au viață lungă dacă reușești să-ți distragi mintea de la ele. Ideea este să acționezi în direcția opusă impulsului, să faci altceva. Din experiența nutriționiștilor, există multe trucuri eficiente pentru a amâna poftele, totul este să-l găsești pe cel care funcționează pentru tine.

Fă-ți pofta din când în când. Este normal să-ți fie poftă. Nu pofta în sine, cantitatea cu care îți faci pofta este problema. Dacă simți nevoia imperioasă de a mânca doar atunci când vezi, guști, miroși sau doar te gândești la un anumit aliment, este cazul să iei în serios acea poftă. Degeaba încerci să o ignori sau să o păcălești cu o legumă proaspătă, căci pofta reală nu este satisfăcută de nimic altceva decât de ceea ce a declanșat-o. Foarte multe persoane încearcă să își păcălească poftele mâncând dietetic sau umflându-și stomacul cu „alimente permise", în speranța că pofta va trece. Dar ai observat că nu trece, iar într-un final rămâi cu caloriile consumate și sfârșești și prin a-ți face pofta. De unde știu? Fiindcă am fost acolo.

> „*A ți se interzice ceva înseamnă să ți se stârnească pofta.*"
>
> Michel de Montaigne

Lucrurile interzise sunt ca un elastic întins care la un moment dat cedează, ca un bumerang care se va întoarce împotriva noastră mai devreme sau mai târziu. Promisiunile de genul „De mâine nu voi mai mânca niciodată dulciuri!" sunt nerealiste și vor fi încălcate la prima tentație. Dă-ți voie să-ți satisfaci poftele, dar nu de mai multe ori în aceeași zi, nu în fiecare zi în mod constant, nu după ora 18 dacă vrei să slăbești, nu într-o cantitate exagerată. Nu-ți refuza, amână!

Învață să faci alegerile adecvate pentru tine, alege mâncarea care ți se potrivește, care îți face plăcere și care te ajută să și slăbești! Iar dacă se întâmplă să cedezi unei pofte, fă-o rar și în cantități rezonabile. Așa ca răsfață-te, bucură-te de ceea ce mănânci, dar echilibrat și conștient! Disciplina cântărește grame, regretele cântăresc kilograme! Răsplata ta pe termen lung (nu, nu ceva dulce!) constă într-o siluetă de vis și o sănătate de fier.

Eu, de exemplu, nu pot mânca niciodată doar o jumătate de porție de paste carbonara. Îmi plac atât de mult, încât trebuie să mă răsfăț cu o porție întreagă. Însă aleg să fie singura masă „ieșită din decor" din acea zi, iar seara mă limitez la o mâncare *light* sau aleg chiar să nu mai mănânc nimic până a doua zi.

Fă-ți poftele cu variante hipocalorice. În funcție de tipul de gust de care ai nevoie, alege un corespondent fără o povară calorică semnificativă. La ora poftelor poți alege un dulce sănătos, într-o cantitate rezonabilă. Ai încercat câteva merișoare uscate în iaurt? Sau banane în blender cu cacao și iaurt degresat? Sau un simplu iaurt cu nucă și miere? Ceva dulce poate fi și un căuș de stafide sau un măr galben, ori chiar o bomboană fără zahăr. Pentru gustul sărat și în același timp crocant poți mânca un castravete înmuiat în sare, pentru un gust cremos alege un iaurt degresat, pentru un gust cremos condimentat pune sare, piper și ierburi într-un iaurt sau într-un pahar de suc de roșii.

Am menționat de atâtea ori faptul că poți include într-o dietă echilibrată și mâncărurile tale preferate, dar recunoaște că ți-a trecut prin gând că e doar un fel de-a spune, când în realitate nu ți-aș recomanda... o porție de paste, spre exemplu. Ei bine, sunt mai mult decât încântată să te anunț că a sosit momentul adevărului.

Ce poate fi mai bun decât o porție de paste cu creveți la prânz? Atâta vreme cât alegi un sortiment de paste integrale, le fierbi *al dente* și le asezonezi cu ingrediente nutritive și de calitate, precum suc de roșii din roșii proaspete, creveți fierți și muuuultă verdeață, poți fără grijă să le integrezi într-un stil de viață sănătos.

> „*Cel mai greu lucru de păstrat este echilibrul.*"
>
> Jean Grenier

Învață să savurezi alimentele de care îți este poftă. Nu te repezi la frigider sau la raftul cu bunătăți, ci stai o clipă și gândește-te exact de ce-ți este poftă. Apoi mănâncă acel ceva, mai exact savurează-l. Închide ochii și simte mirosul, apoi pune o bucățică pe cerul gurii și las-o să se topească sau mestec-o lent. Mănâncă conștient tot ceea ce ai în farfurie, cu toate simțurile tale. Fii un gurmand rafinat! Privește, miroase, gustă, simte! Cum arată mâncarea? Cum miroase? Cum se simte pe limbă? Ce gust are? Este moale sau crocantă? Nu înghiți până când nu ai extras și ultima picătură de gust.

Dacă simţi nevoia să înghiţi pe nemestecate, fără să simţi bucuria, atunci e cazul să citeşti cu mare atenţie şi capitolul despre mâncatul compulsiv. Nu uita, stomacul nu are papile gustative! Este doar un sac care primeşte tot ce-i dai, un contabil nemilos care peste noapte va socoti cu plus toate caloriile pe care tu te-ai grăbit să le înghiţi fără măcar să te bucuri de ele. Dacă nu savurezi mâncarea, nu-ţi laşi timp suficient să mesteci pe îndelete, să te delectezi, pentru ca toate simţurile să transmită informaţii la creier despre gustul, mirosul, textura mâncării, poţi să înfuleci şi un tort întreg în câteva minute şi senzaţia de saţietate tot se lasă aşteptată. Stomacul nu e prietenul tău, el doar contabilizează şi depune sub formă de grăsime caloriile în exces pe care le înghiţi şi nu le arzi.

Dacă după ce ţi-ai satisfăcut pofta te năpădesc sentimentele de vinovăţie, este foarte probabil să declanşezi şi ultimul tipar, cel al mâncatului emoţional, pe principiul „Dacă-i bal, bal să fie... şi de mâine mă apuc de dietă!".

Evită tentaţiile culinare. Pe principiul bătrânesc şi sănătos „Ochii care nu se văd se uită.", aplicabil şi la mâncare, poţi să începi confruntarea cu poftele încă de la cumpărături. Stai departe de „locurile pierzaniei" precum cofetăriile, patiseriile, fast-food-urile, magazinele de cartier şi raioanele cu dulciuri din orice supermarket. Vizitează mai des, chiar zilnic, aprozarul, magazinele naturiste şi raioanele cu produse de bază.

Si poate cel mai important lucru este să nu te expui sub nicio formă senzorial la mâncare, nici măcar cu gândul. Digestia începe în creier; numai gândul la o mâncare apetisantă şi deja papilele gustative sunt în alertă, îţi plouă în gură de poftă. Dacă stai în bucătărie şi găteşti multe feluri de mâncare, expunerea la mirosuri declanşează o adevărată furtună senzorială pe care este foarte greu să o mai opreşti.

- Nu te uita la emisiuni despre mâncare.
- Nu căuta reţete în cărţile de bucate sau pe blogurile culinare.

- Nu pleca la cumpărături cu stomacul gol.
- Nu lăsa mâncarea la vedere prin casă ori la birou.
- Ridică-te după ce ai mâncat și strânge masa.
- Încearcă să nu mai fii singura persoană din casă care se ocupă de mâncare.
- Nu transforma mâncarea într-un subiect preferat de discuție cu cei dragi.

Iar la ora mesei îndreaptă-ți atenția către alimente cu adevărat hrănitoare. Sparanghelul era nelipsit din meniul locuitorilor Egiptului Antic și ai Greciei Antice. Ba chiar și-a câștigat renumele de „hrana regilor", datorită pasiunii lui Ludovic al XIV-lea pentru această legumă. Cocktailul de vitamine și minerale din compoziție îi garantează efectele antiîmbătrânire, antiinflamatoare și anticancerigene. Iar dacă s-a bucurat de apreciere în cele mai senine epoci ale omenirii, nu văd de ce nu l-am pune și noi nu pe un piedestal, ci... direct în farfurie.

Nu este nicio mare filosofie să gătești sparanghelul, este nevoie doar să-l fierbi aproximativ 3 minute, pentru a se înmuia, dar în același timp pentru a rămâne un pic crocant. Îl poți combina cu orice fel de legume, căci este foarte versatil.

> ” *Rareori ne gândim la ceea ce avem,* “
> *dar mereu la ceea ce ne lipsește.*
>
> Arthur Schopenhauer

Nu ține în casă alimente care te predispun poftelor. Fă alegeri inteligente, care să-ți potolească foamea fizică și să te țină departe de pofte: legume, fructe, semințe. O ciocolată care nu se află în frigider seara târziu, când poftele te găsesc într-o stare vulnerabilă, nu poate ajunge în stomac. Gustoase pe moment, băuturile dulci, bomboanele și produsele de patiserie nu-ți dau energie de durată, așa că ți-e foame din nou peste foarte puțină vreme.

Cele mai bune opţiuni sunt produsele din cereale integrale, cu un conţinut bogat în fibre (batoane sau biscuiţi integrali), fructele sau legumele proaspete, grăsimile sănătoase (peşte gras, nuci, avocado) şi proteinele slabe (ouă, fasole, carne slabă la grătar).

Carnea de curcan are două mari avantaje: cantitatea scăzută de grăsimi din compoziţie şi conţinutul bogat în proteine de calitate. Pe scurt, te satură fără să îţi pună în pericol silueta şi starea de sănătate. Dacă îţi plac şniţelele şi chiftelele, dar nu vrei să pornească alarma „cod roşu de dietă!", alege pieptul de curcan în loc de carnea de porc şi prepară-l la cuptor pe hârtie de copt, scoţând uleiul din schemă.

Alături de proteine, grăsimile nesaturate (sănătoase) sunt direct responsabile de senzaţia de saţietate şi trebuie să ocupe între 20% şi 35% din totalul caloriilor zilnice.

Fructele de mare sunt campioane la conţinutul de zinc şi acizi graşi omega-3, cu puternice efecte benefice asupra imunităţii şi sănătăţii tale cardiovasculare. Nu este deloc de neglijat nici reputaţia lor de alimente afrodisiace, cu proprietăţi antidepresive. Alege reţete simple, care presupun doar coacerea lor pe grătar şi asortarea cu sosuri aromate, pe bază de suc de roşii, usturoi, ardei iute, busuioc, lămâie şi piper negru proaspăt măcinat.

Când stomacul se simte sătul după masă, este mult mai puţin probabil să mănânci din nou până când nu îţi este cu adevărat foame. Adaugă în dieta ta astfel de grăsimi, care îţi stimulează şi creierul, sub formă de uleiuri, seminţe, fructe în coajă tare şi avocado. Dar consumă cu măsură aceste alimente atunci când ai nevoie să slăbeşti. Alege să stropeşti salatele cu doar 3-4 pufuri de ulei, să foloseşti la gătit o lingură de ulei la un kilogram de legume şi să te rezumi întotdeauna la porţii mici de nuci, alune sau migdale, care să nu depăşească un căuş de palmă (30 g) pe zi.

Înlocuieşte pofta de mâncare cu pofta de viaţă! Trucul meu preferat: mă dau cu parfum ca să-mi păcălesc şi să-mi bucur în acelaşi timp simţurile. Ţi-am pregătit o serie de sugestii, dar le poţi completa cu ceea ce îţi face ţie plăcere.

„*Pofta de viaţă depinde mult mai mult de modul în care evaluăm o situaţie decât de situaţia în sine.*"

Stefan Klein

- Bea un pahar mare cu apă sau un ceai. Uneori, poţi interpreta greşit semnalele trimise de corpul tău, care poate fi doar deshidratat.
- Ieşi din casă, inspiră aer proaspăt, fă o scurtă plimbare.
- Fă mişcare 5 minute: dansează, urcă şi coboară scări, fă genuflexiuni sau sărituri.
- Spune ceva frumos unui membru al familiei sau unei prietene, chiar şi la telefon.
- Scrie în agendă 5 motive pentru care vrei să slăbeşti.
- Închide ochii şi evocă o amintire frumoasă în detaliu.
- Încearcă să dormi. Lipsa somnului creşte ameţitor poftele.
- Citeşte sau ascultă ceva amuzant. Râsul este o terapie puternică.
- Ascultă muzica ce te inspiră sau, şi mai bine, cântă sau dansează!
- Fă un duş sau o baie parfumată, cu uleiuri esenţiale şi spumă.
- Meditează sau spune o rugăciune.
- Îmbrăţişează-ţi copiii sau pe cineva drag ori joacă-te cu animalul de companie. Contactul fizic cu o fiinţă iubită alungă stresul.
- Joacă-te cu copiii. Trezeşte copilul din tine.

„*Bucură-te de momentele speciale pe care ţi le oferă fiecare zi, pentru că această zi este tot ceea ce ai.*"

Robin Sharma

MÂNCATUL COMPULSIV

Atunci când, în perioade scurte, consumăm cantități de mâncare mult mai mari decât în mod normal, putem considera că am căzut în capcana mâncatului compulsiv, care se mai numește și *binge eating*. În absența senzației fizice de foame, basculăm rapid dulciuri, gustări sărate, ce ne pică în mână, alternând alimentele fără nicio regulă și mestecând foarte puțin (obicei numit tahifagie). Teama că pierdem controlul asupra mâncatului nu lipsește de la festin, iar acest comportament este urmat de vinovăție și regret. De cele mai multe ori, mâncatul compulsiv se petrece în singurătate, pentru a ascunde de alții spectacolul cantităților mari de mâncare care dispar din farfurie cu viteza gândului.

> „*Viața este un banchet. Dacă o tavă de mâncare care face ocolul mesei ajunge la tine, întinde mâna și servește-te moderat, cumpătat. Dacă se îndepărtează de tine, nu o reține. Nu apare încă? Nu-ți trâmbița dinainte pofta, ci rabdă până ajunge la tine.*"
>
> Epictet

Ceea ce începe ca o masă obișnuită, cu alimente corect alese, în cantitățile potrivite, poate evolua către un episod de *binge eating*. În astfel de momente, te repezi la frigider, scotocești prin toate rafturile din bucătărie în căutare de combustibil pentru foamea devenită de neoprit sau faci chiar o excursie rapidă până la supermarket, țintind tocmai alimentele hipercalorice pe care în mod normal le-ai evita. Dacă te confrunți cu astfel de episoade recurente de supraalimentare, de aproximativ două ori pe săptămână într-o perioadă de șase luni, iar apoi apare senzația de balonare, de preaplin, și se instalează deprimarea și vinovăția, înseamnă că ai gustat și tu din provocările mâncatului compulsiv. Spre deosebire de cazurile de bulimie sau anorexie, acest comportament nu este însoțit de vărsături sau exerciții fizice în exces. Dacă simți un impuls puternic de a elimina mâncarea consumată, din cauze fizice sau psihologice, vorbește cu medicul tău despre această tendință.

De multe ori, mâncatul compulsiv apare ca o formă de rezistență la permanentele restricții culinare, care îți alimentează frustrarea până în punctul în care te revolți împotriva oricărei reguli și mănânci repede-repede tot ce ai la îndemână. În general, este o încercare de a compensa, de a amorți stresul emoțional și de a anihila stările de dispoziție negative.

> „*Nu te mai mâhni, când știi că adesea întristarea aduce la urmă bucurie și că adesea răul este cauza binelui.*"
>
> Euripide

Mecanismele prin care organismul tău evită mâncatul în exces și ține legătura cu senzațiile corecte de sațietate atât de la nivel cerebral, cât și stomacal, sunt depășite și bulversate complet de mâncatul pe fugă. Mulți oameni, grași sau slabi, mănâncă atât de rapid, încât papilele lor gustative doar intuiesc gustul alimentelor ce trec peste ele. Acest ritm alert de a se alimenta prelungește doar aparent plăcerea gustului, cu prețul a multe calorii îngurgitate. Dacă mănânci în viteză, vei consuma mai mult decât este necesar, forțând mecanismele de control ale corpului tău.

Când ai mâncat suficient pentru a satisface nevoile organismului, primești semnale care spun: „E de ajuns.". Când înfulеci, nu lași corpul să-ți transmită că s-a săturat. Majoritatea experților consideră că durează aproximativ 20 de minute până să intre în acțiune acest mecanism, în urma unui proces foarte complex ce implică absorbția principiilor nutritive din mâncare la nivelul stomacului, creșterea glicemiei, activarea hormonilor din intestinul subțire și producerea unor substanțe reglatoare în creier.

Oamenii de știință au făcut un clasament care ordonează alimentele după capacitatea acestora de a satisface foamea, atribuindu-le indici de sațietate. Alimentele cu indice mai mare îți potolesc foamea mai bine și mai repede, la același număr de calorii, decât cele cu indice mic. De exemplu, cartofii copți sunt mult mai sățioși decât cei prăjiți. Alimentele cu indicele de sațietate cel mai ridicat sunt peștele, lintea, fasolea, ciupercile, brânza proaspătă de vaci și urda. De asemenea, pieptul de curcan, pulpa de vită și ouăle te vor ajuta să-ți ții foamea sub control. La polul opus sunt carbohidrații rafinați – cu cât mănânci mai multă pâine albă, mai multe produse de patiserie și cofetărie, cu atât ai continua să mănânci.

Tehnici pentru a mânca mai încet

Te-ai putea califica la un concurs de mâncat, cu șanse serioase la marele premiu? Este foarte dificil să te debarasezi de un automatism pe care l-ai consolidat în poate miile de ocazii în care ai mâncat compulsiv, dar cu răbdare și cu ajutorul tehnicilor de mai jos vei reuși să înlocuiești treptat vechile uzanțe. Te voi învăța cum să obții maximum de gust dintr-o porție mică, pentru a ajunge cu ușurință la senzația de sațietate. Când mănânci pe îndelete și savurezi fiecare bucățică de mâncare, consumi mai puține calorii.

> ”*O exagerare sau o măsură neîndestulătoare de mâncare și băutură strică sănătatea, pe când o măsură potrivită o produce, întărește și păstrează.*“
>
> Aristotel

Alege un loc liniștit în care să iei masa. Renunță la obiceiul de a mânca în fața televizorului, a computerului sau a laptopului, în locuri cu muzică la volum maxim sau în spații aglomerate și zgomotoase. Bucură-te de momentul mesei ca de o relaxare binemeritată, într-o atmosferă calmă și liniștitoare, eventual în compania unor persoane cu care să poți purta conversații plăcute. Evită negocierile sau discuțiile în contradictoriu atunci când servești masa.

Nu te așeza la masă cu o foame de lup. Respectă mesele principale ale zilei, iar dacă ai o greutate sub limită, include și două gustări în programul tău. Dacă nu îți găsești timp pentru mâncare decât o dată pe zi, oricât ai încerca, nu vei reuși să mănânci cu calm și măsură. Totuși, dacă ți se întâmplă asta din când în când, iată ce te sfătuiesc să faci: bea înainte de masă jumătate de cană de apă călduță sau de ceai aromat neîndulcit. Mănâncă primele trei furculițe sau linguri de mâncare cât de repede simți nevoia, apoi oprește-te și bea restul de apă din cană. În continuare, îți va fi mai ușor să imprimi un ritm domol mesei.

ÎNCEARCĂ ȘI TU!

Mănâncă în fața oglinzii. Fă acest exercițiu pentru a fi în contact cu sinele tău, acordând astfel atenție sporită gesturilor și crescând gradul de conștientizare a modului în care mănânci.

Bucură-te de fiecare înghițitură. Taie mâncarea foarte mărunt și ai grijă să iei de fiecare dată cantități mici cu furculița; cu cât crește durata mesei, cu atât cresc și șansele de a se instala firesc senzația de sațietate. Poți stabili de la bun început de câte ori să mesteci minim o îmbucătură de mâncare. Mai întâi vei număra înainte de fiecare înghițitură, apoi îți va intra în reflex. Mâncarea va lăsa mai multă savoare și va petrece mai mult timp în contact cu papilele tale gustative.

Caloriile din fiecare îmbucătură merită să fie savurate, nu irosite, de aceea te sfătuiesc să conștientizezi fiecare aromă. Rareori mâncarea este doar dulce, doar acră sau doar sărată: într-o singură gură de mâncare, gusturile se îmbină așa cum se împletesc miresmele florilor de grădină. De exemplu, mestecă de zece ori fiecare îmbucătură de mâncare de astăzi și verifică intensitatea pe care o are foamea după cinci astfel de reprize. Vei constata cu mare uimire cât de mult s-a diminuat într-un punct în care până acum nici nu considerai că te-ai apucat bine de mâncat.

„Oamenilor le este greu să fie fericiți pentru că văd trecutul mai frumos decât a fost, prezentul mai urât decât este și viitorul mai dificil decât va fi."

Marcel Pagnol

Fă pauze în timpul mesei. Tuturor ne plac pauzele lungi și dese, vorba aceea, deci de ce să nu profităm de șansa... de a nu face nimic, dacă așa ne sfătuiesc specialiștii? Începe printr-o pauză scurtă, de 30 de secunde, iar în timp crește această pauză la unu, apoi două și, în fine, trei minute. Așa ai ocazia să te gândești la ce ai mâncat, astfel încât să poți decide dacă mai mănânci în continuare.

Între îmbucături, lasă tacâmurile în farfurie. După ce iei o înghițitură de mâncare, pune furculița jos, mestecă mâncarea complet, înghite și abia apoi ia furculița din nou. Procedează fel cu lingura, iar dacă ceea ce mănânci nu necesită tacâmuri, lasă mâncarea jos între înghițituri.

La finalul mesei, așteaptă 10 minute după ce ai terminat ce aveai în farfurie înainte să decizi dacă mai ai nevoie de completare cu încă o porție. Ar fi minunat să reușești să te ridici de la masă când simți că ești la un pas de a te sătura, nu când deja te temi că îți plesnește cureaua de la pantaloni. Creierul are nevoie de un răgaz pentru a procesa cele întâmplate, înainte de a-ți transmite mult așteptatul semnal de sațietate.

M-am gândit la un preparat care să reunească un buchet bogat de arome, astfel încât să le dea serios de lucru papilelor tale gustative. Somonul cu legume la cuptor este, de fapt, rețeta mea preferată când am chef de ceva deosebit ca gust, dar dispun de puțin timp. Este gata cât ai zice „pește"!

Pregătește o hârtie de copt, destul de generoasă cât să o poți rula, și apoi închide-o la capete, ca pe o suveicuță. Pune la mijloc peștele (eu prefer somonul, însă poți folosi cod, păstrăv ori macrou, după preferințe), asezonează-l cu sare, piper, zeamă de lămâie, o lingură cu vin alb și ierburi aromate. Montează deasupra câteva buchețele de broccoli și conopidă, câteva felii de ciuperci și ardei gras, sau chiar 2-3 felii de morcov sau de cartof dulce. Finalizează totul cu încă o ploaie de ierburi aromate pentru un curcubeu ... pe cerul gurii.

Pregătește somonul cu legume la cuptor și servește-l la cină dacă vrei să încerci și tu să te bucuri un timp cât mai îndelungat de deliciile din farfurie, cu răbdare și curiozitate. Ai grijă ca fiecare înghițitură să conțină câte puțin din fiecare ingredient, astfel încât manevrele cu cuțitul și cu furculița să dureze mai mult, oferindu-ți răgazul necesar în timpul mesei.

Folosește farfurii mici. Acum sunt la modă farfuriile mari, care concurează cu ceea ce înainte numeam „platou" și ne ademenesc să exersăm diferite modalități creative de a cosmetiza și servi mâncarea. Îmi permit să mă împotrivesc acestui curent și să te sfătuiesc să folosești farfurii mai mici din care să mănânci în mod obișnuit, atunci când nu organizezi mese festive și nu simți presiunea de a-ți impresiona oaspeții cu o prezentare specială.

Înainte de tendințele actuale, care ne învață că minimalismul este semnul eleganței și al distincției, există un istoric de câteva milioane de ani al relației fericite dintre om și porția mare din fața lui. Degeaba te așezi în fața unui boț de mâncare frumos aranjat pe o farfurie imensă, imaculată, dacă instinctul îți spune că e prea puțină mâncare, că nu te vei sătura, că mai mult îți stârnește apetitul. În schimb, o farfurie mică se poate umple, oferindu-ți senzația unei mese satisfăcătoare, iar asta fără să faci excedent de calorii.

De fiecare dată când simți că trebuie să termini totul din farfurie, cu orice preț, în ciuda faptului că stomacul e bine burdușit, sau că ai musai nevoie de desert la finalul mesei, că „așa se face", amintește-ți că acestea sunt obiceiuri dobândite. Conștientizează că nu corpul tău îți transmite astfel de impulsuri, că nu este o nevoie fizică reală, ci un reflex care nu lucrează în avantajul tău. Stă numai în puterea ta să te oprești atunci când te-ai săturat.

Încearcă să mănânci cu mâna nedominantă. Există și unele tehnici amuzante care te pot ajuta să încetinești ritmul în care mănânci. De exemplu, poți folosi mâna nedominantă, pentru care îți trebuie mai mult timp să o poți coordona cu precizie. Ia mâncarea cu mâna stângă, dacă dreapta este mâna ta dominantă, sau invers. Distrează-te mâncând supa cu lingurița și felul doi cu cea mai mică furculiță din casă, dintre acelea folosite de obicei la desert. De asemenea, poți mânca paste, orez, mâncăruri de legume și bucățele de carne cu bețișoarele chinezești. Acesta este trucul cel mai apreciat de pacienții mei.

Trișează sănătos. Combină întotdeauna orice mâncare cu frunze de salată, felii de morcovi, ardei sau castravete. Astfel, va fi necesar să mesteci mâncarea mai mult, deoarece nici frunzele de salată, nici legumele proaspete nu pot fi înghițite pe nemestecate. Încearcă și vei vedea că am dreptate!

Renunță la nevoia de perfecțiune. Nu trebuie să te învinovățești că până acum ai dat curs impulsului de a mânca pe repede înainte. Citește povești de succes ale persoanelor care s-au confruntat cu aceeași problemă și au depășit-o. Programează-te pentru a-ți trata corpul cu blândețe, nu îl pedepsi obligându-l să proceseze cantități mari de mâncare și să depoziteze din ce în ce mai multă grăsime.

» *Cea mai mare glorie nu o dobândești atunci când nu ești doborât niciodată, ci atunci când te ridici după ce ai căzut.* «

Confucius

MÂNCATUL DEZORDONAT

Când luăm decizia de a slăbi sau de a adopta un stil de viață sănătos, trebuie să avem în vedere împărțirea caloriilor la cele trei mese zilnice pe care îndrăznesc să le numesc obligatorii. În schimb, mesele dezordonate sunt semnul lipsei de planificare. Interesul nostru este să prevenim transformarea senzației de foame într-o stare apăsătoare și sâcâitoare, așa cum se întâmplă atunci când sărim peste mese, bucurându-ne de sațietate și de energie în mod natural, pe tot parcursul zilei.

Dacă mesele sunt prea îndepărtate una de cealaltă, foamea devine aproape incontrolabilă. Pe bună dreptate, căci se instalează hipoglicemia, și, inevitabil, la masa următoare te vei lupta cu dubla tentație de a mânca și mai mult, și alimente de o calitate îndoielnică. Mi se întâmplă și mie uneori să nu reușesc să servesc mesele principale la momentul potrivit sau pur și simplu să nu apuc să strecor și mâncarea în programul celor mai încărcate zile. Când ajung seara acasă, simt că mă cuprinde o foame de lup care pare că nu se potolește cu nimic, deci înțeleg perfect prin ce treci.

Însă, oricât de surprinzător și de contraintuitiv ar suna, foamea este inamicul numărul 1 al celor care vor să scape de surplusul de kilograme. Uită ceea ce ai învățat de la acei guru ai dietelor care au împânzit internetul, promovând ideea că foamea reprezintă un ingredient-cheie, răul necesar al oricărei cure de slăbire. Din punctul meu de vedere, confirmat atât de experiența personală, cât și de cea a pacienților mei, dacă te lupți cu foamea nu ai garanția că vei scădea în greutate. Dimpotrivă, foamea și obezitatea sunt fețele aceleiași monede. Cu cât te abții mai mult de la a mânca, cu atât crește riscul de a te supraalimenta cu prima ocazie. Atunci când ne așezăm la masă foarte flămânzi și cu o poftă de nedescris, nu mai putem gândi limpede și nici nu mai putem face alegeri conștiente și inteligente.

Obstacolele în calea organizării meselor de care i-am auzit pe pacienții mei plângându-se cel mai des pot fi concentrate în două negații: „Nu mi-e foame deloc dimineața." și „Nu am timp să mănânc la prânz!". Încă nu am întâlnit pe nimeni care să plângă că nu are poftă de mâncare, timp sau dispoziția necesară pentru masa de seară. Însă adevărul științific contrazice aceste practici: specialiști de anvergură mondială din domeniul nutriției au demonstrat că oamenii care mănâncă în prima parte a zilei sunt mai slabi, mai sănătoși și... mai puțin pofticioși seara.

» *Fă ce trebuie să faci, până poți face ceea ce vrei să faci.* «

Oprah Winfrey

Dacă alegi să tratezi micul dejun cu interesul care i se cuvine în calitate de prima masă a zilei, ai cu 70% mai multe șanse de a-ți menține greutatea sau de a-ți păstra indicele de masă corporală în limitele normalității și cu 50% mai puține riscuri de a suferi de obezitate, în comparație cu persoanele care nu înțeleg importanța acestuia și nu îi fac loc în programul lor de dimineață. În ciuda acestor beneficii pentru sănătate și siluetă, cifrele nu sunt foarte optimiste: procentajul oamenilor care obișnuiesc să servească zilnic micul dejun nu depășește 30%.

Mă întreb ce greutate ar mai avea scuzele precum „Nu am timp!" sau „O masă în plus nu mă va ajuta să slăbesc, dimpotrivă.", dacă toată lumea ar fi conștientă de faptul că prima masă a zilei este cea mai permisivă din punct de vedere nutrițional. Practic, poți savura aproape oricare dintre alimentele tale preferate – da, chiar și o felie de tort din când în când –, în condițiile în care combustibilul cu care pornești la drum dimineața se consumă pe parcursul zilei, nu se depozitează sub formă de grăsime, precum alimentele pe care le mănânci seara.

Și așa ajungem la o altă frază simptomatică pentru cei care nu și-au format obiceiul de a mânca de trei ori pe zi: „Ce bine că am reușit să mă abțin și n-am mâncat mai nimic azi!". Înfometându-te ziua, tocmai atunci când corpul tău are nevoie de energie și arde calorii, te vei confrunta seara cu alianța dintre oboseală, foame și stres, vei ceda presiunilor și vei mânca pe săturate. Tocmai când încetinește metabolismul, ca urmare a proceselor fiziologice din timpul somnului.

Cei care nu reușesc să își programeze mesele principale la intervale regulate nu sunt doar victimele preferate ale cinelor copioase, ci și ale ronțăielilor. Pentru că au un volum mic, adeseori trec neobservate. Pe bună dreptate, gustările de peste zi nu sunt considerate mese propriu-zise, chiar nu merită acest statut, dacă luăm în considerare faptul că în cele mai multe cazuri ciupim de aici un pic, de colo un pic alimente lipsite de încărcătură nutritivă. Gândește-te cam ce ciugulești de obicei: alune prăjite și sărate, covrigi și covrigei, sărățele, răsucele, pufuleți, pateuri, chipsuri, fursecuri. Niciunele dintre acestea nu s-au remarcat vreodată la capitolul „Să mâncăm sănătos!".

Creierul sau stomacul nu simt că stau cu adevărat la masă, dar caloriile nu respectă referințele și clasificările noastre, ci se comportă nemilos, deplasând acul cântarului din ce în ce mai mult spre dreapta. Pe lângă faptul că sunt hipercalorice, gustările pe care le-am enumerat mai sus nu conțin fibre, deci nu ne simțim sătui după ce le consumăm și astfel riscăm să mâncăm mai mult la mesele următoare.

„*Gândește-te la atitudinea unui copil care învață să meargă. Ce face el atunci când se împiedică și cade? Îți voi spune ce nu face. Nu se încruntă și nici nu învinovățește covorul. Nu își acuză mama sau tatăl că l-ar fi îndrumat greșit. Nu renunță. Oh, nu! Zâmbește, se ridică din nou și încearcă încă o dată. Și încă o dată. Continuă să încerce săptămâni la rând, cu o atitudine pozitivă, până când reușește.*"

Jeff Keller

Dieta nu ține cont de timpul liber pe care îl ai la dispoziție, de responsabilitățile pe care ți le-ai asumat la locul de muncă sau de părerea celorlalți. Atunci când îți dorești să te debarasezi de kilogramele în exces, trebuie să găsești o modalitate de a-ți îndeplini obiectivul în condițiile vieții de zi cu zi. Jobul solicitant, drumurile pe care trebuie să le faci zilnic, sarcinile care îți revin în familie nu reprezintă scuze pentru a destabiliza programul meselor, întrucât pe termen lung nu vei face altceva decât să îți pui în pericol sănătatea, ceea ce nu este în avantajul nimănui. Încearcă, așadar, să nu sari peste prânz sau să îți păcălești foamea cu ronțăieli și ciuguleli la nimereală. Fă alegeri sănătoase, care să îndeplinească toate condițiile unei diete gustoase și eficiente.

Să nu uităm: nici faptul că ai activități intense și alergi toată ziua de colo colo nu te salvează de acel kilogram în plus pe lună, rezervat celor care au tendința să mănânce pe apucate. Mișcarea trebuie să vină în completarea unui regim alimentar echilibrat, nu în locul acestuia.

AMINTEȘTE-ȚI!

În cartea *Capcanele dietelor. Dietă pe viață sau stil de viață?* am prezentat o serie de trucuri pentru planificarea eficientă a meselor de peste zi. Recitește subcapitolele „Prânzul: masa gurmandului înțelept“ și „Când socoteala de acasă nu se potrivește cu cea de la restaurant“.

Cum ne putem organiza mesele zilnice

Nu este un secret pentru nimeni că succesul oricărei afaceri ține de planificare. De ce ar sta lucrurile diferit atunci când vorbim despre diete, în condițiile în care miza lor reprezintă poate cel mai important câștig la care putem aspira: o viață lungă și sănătoasă? Mâncatul dezordonat merge mână în mână cu alimentația dezechilibrată, de aceea cred că un plus de organizare poate rezolva ambele probleme, astfel încât poftele și dorința de compensare să nu conducă către un deznodământ nefericit pe cântar.

> *Nu e vorba că ne temem de schimbare sau suntem foarte atașați de vechile obiceiuri, ci ne temem de ceea ce este între... E ca și cum ai pluti între trapeze. Nu ai de ce să te ții.*
>
> Marilyn Ferguson

Stabilește clar numărul și orarul meselor. Respectă mesele principale ale zilei și orele potrivite, în funcție de ritmul în care corpul consumă eficient caloriile pe care i le furnizezi. Scopul este acela de a obține și menține apoi pe tot parcursul zilei o senzație constantă de mulțumire față de ceea ce mănânci, energia de care are nevoie corpul și claritatea de care are nevoie mintea.

Eu, de exemplu, mă simt cel mai bine cu două mese principale, o gustare de dimineață și una de după-amiază. Micul dejun constă, de fapt, într-o gustare pe care o iau în general între 9 și 10, iar prânzul urmează cândva între orele 12 și 15, depinde de cât de ocupată sunt în ziua respectivă. De obicei, pe la ora 17 simt nevoia de o gustare care să mă ajute să îmi realimentez motorul până la ora 20, când iau cina, ultima masă a zilei.

Îți recomand și ție să servești micul dejun până la ora 10, prânzul înainte de ora 15 și cina până la ora 20. Nu este obligatoriu să iei micul dejun în primele minute de când te-ai trezit, așa cum nu este musai nici să faci loc gustărilor în acest program. Acestea se justifică numai dacă îți este cu adevărat foame sau dacă două mese se îndepărtează prea mult din cauza unor evenimente neplanificate. Testează și ajustează atât orele de masă, cât și numărul gustărilor, în funcție de reacțiile și nevoile organismului tău.

Nu ronțăi și nu ciuguli pe parcursul zilei. Dacă respecți mesele principale, nu va fi dificil să renunți la acest obicei nociv atât pentru siluetă, cât și pentru starea ta de sănătate. Dacă asociezi ronțăielile și ciugulelile cu pauza de relaxare, caută alternative sănătoase și plăcute la această activitate. Poți bea apă fructată sau ceai neîndulcit, poți face o plimbare prin clădirea în care ai biroul, pentru a petrece puțin timp liber cu colegii cu care nu apuci să vorbești prea des, poți ieși pe balcon să iei o gură de aer sau poți rămâne la calculator, în fața unui clip de pe Youtube, care să te relaxeze și să te amuze, fără să te încarce cu calorii nedorite.

„ *Râsul este medicamentul sufletului.* "

Robin Sharma

Mănâncă în prima parte a zilei. Când te trezești, nivelurile de glucoză și de glicogen (glucoza stocată) sunt scăzute, deci trebuie să îți refaci rezervele, deoarece glucoza este singurul combustibil folosit de creier. Masa de dimineață joacă nu unul, ci mai multe roluri importante în procesul de slăbit, în menținerea energiei, optimismului și a bunei concentrări pe tot parcursul zilei. Consumând alimente bogate în nutrienți după repausul alimentar de peste noapte, activezi metabolismul, impulsionându-l să ardă în mod eficient caloriile, prin epuizarea treptată a rezervelor de grăsime ale organismului.

Mâncând micul dejun, faci primul pas către atingerea dozei zilnice recomandate de vitamine și minerale. Preîntâmpini senzația de epuizare, confuzie sau oboseală mentală care ar putea să interfereze cu îndeplinirea obiectivelor pe care ți-ai propus să le atingi în următoarele ore. Nu întâmplător, s-a constatat că elevii, studenții și adulții care obișnuiesc să mănânce de dimineață au o mai mare putere de concentrare, se bucură de o memorie bună, sunt mai creativi, mai spontani și chiar mai veseli și optimiști.

Nu ți-e deloc foame în prima parte a zilei? Încearcă să nu mai mănânci nimic după ora 20, iar după trei zile pofta de mâncare nu va mai fi o problemă și te vei trezi cu un nou obicei sănătos în program. Nu ai timp? Încearcă să te trezești cu 10 minute mai devreme sau să îți pregătești micul dejun cu o seară înainte. Poți alege alimente simple ori feluri de mâncare gata preparate sau care se pregătesc foarte repede. Un pahar de lapte, un iaurt parțial degresat, două felii de pâine integrală cu brânză de vaci și mușchi slab, un bol cu cereale și câteva nuci, fructe proaspete sau combinații între toate acestea, în funcție de preferințele tale și de variantele disponibile în frigider, reprezintă tot atâtea versiuni delicioase ale micului dejun, bogate în fibre și proteine.

Dacă nu ești o persoană extrem de matinală și ești mereu în criză de timp dimineața, iar dificultatea de a decide ce să mănânci la micul dejun îți dă dureri de cap în plus, ascultă-mi sfatul de pregăti gustarea cu o seară înainte. Nu durează mai mult de 5 minute să îți faci un sandviș cu pâine integrală și brânză, pe care să îl mănânci cu un ardei tăiat în două și câteva rondele de castravete.

Îți promit că, citind aceste idei simple și rapide de sandvișuri, vei aștepta cu nerăbdare dimineața ca să le poți savura. Poți să le asamblezi seara înainte de culcare sau le poți pregăti după ce te trezești. Dacă ai o zi relaxată, mănâncă acasă, iar în zilele cu program încărcat, ia-le cu tine la serviciu, dar mănâncă-le imediat ce ajungi, nu le face uitate în geantă până seara, căci înfometarea nu rămâne fără consecințe și la cină vei mânca mai mult decât trebuie.

Alege o lipie de graham și unge-o cu cremă de brânză *light* sau cu hummus, peste care adaugă, după preferințe, somon afumat sau avocado, ton în suc propriu sau piept de pui și o mână generoasă de frunze verzi. Eu prefer salata asortată (salată verde, ruccola, baby spanac, salată iceberg etc.), pe care o iau ambalată și gata spălată din pungile pe care le găsesc negreșit în orice supermarket. Pentru variație, poți folosi și felii de ardei sau castravete. Este o idee minunată să folosești a doua zi carnea rămasă de la cină. Îți recomand să îți planifici întotdeauna mesele, astfel încât să nu irosești mâncarea, mai ales că este vorba despre ingrediente gustoase și sănătoase. Rulează lipia cu toate aceste minunății și bucură-te de o porție binemeritată de energie.

Odihnește-te suficient. Dacă nu dormi cel puțin 7 ore pe noapte, organismul tău trece pe modul „lent", iar tu nu vei reuși să îți organizezi eficient programul, pentru a face tot ceea ce ți-ai propus. De asemenea, lipsa somnului provoacă dezechilibrul hormonilor responsabili de senzația de foame (leptina și grelina). Practic, vei simți nevoia de a mânca mai mult decât în mod normal, la ore nepotrivite, pentru a compensa nivelul scăzut de energie. Și asta nu e tot. Studiile au demonstrat că persoanele private de somn sunt mai susceptibile de a consuma dulciuri, mâncare de la fast-food sau preparate pline de grăsimi.

Respectă ritualul mesei. Mănâncă într-un singur loc. Alege un loc anume din casă și mănâncă întotdeauna acolo, fie că este vorba despre măsuța din bucătărie, masa mare din living sau un colț intim, unde ți-ai amenajat un fotoliu și o măsuță cochetă. Mănâncă în liniște, la aceleași ore. Chiar dacă te grăbești să ajungi undeva, nu mânca în picioare și nu bascula mâncarea. Nu face nimic altceva în timp ce mănânci.

MÂNCATUL EMOȚIONAL

Mulți dintre noi aleg să își ia premiul de consolare din farfurie în momentele de supărare, tristețe, chiar depresie, iar uneori pur și simplu din plictiseală. Atunci când mâncăm nu în baza semnalelor trimise de stomac, ci pe fondul unei stări emoționale – care, așa cum vei descoperi în continuare, poate fi și una pozitivă, de exaltare, fericire –, putem spune că am căzut în capcana mâncatului emoțional.

Hrana și emoțiile se împletesc într-o poveste comună din primele clipe de viață. Bebelușii asociază mâncarea cu dragostea, căldura, mângâierile și atenția mamei. Nu trece mult până începem să primim recompense alimentare pentru fiecare reușită mai mică sau mai mare. Amintește-ți de câte ori ai căpătat „ceva bun" ca să depășești mai ușor o suferință fizică sau emoțională. „Ce cuminte ai fost!" a venit în multe rânduri la pachet cu o bomboană delicioasă. „Felicitări pentru nota bună!" s-a materializat într-o ciocolată cu lapte și alune. Dacă ai trecut de proba ciorbei și a felului doi fără să lași resturi în farfurie, ai primit mult așteptatul desert. După ce ți-ai rupt o mână sau ai răcit, ți-a fost servită la pat o porție de cartofi prăjiți cu brânză rasă.

Iată-ne, așadar, ajunși la maturitate cu reflexul de a mânca de fiecare dată când ne copleșesc emoțiile pe care nu știm cum să le temperăm, să le sărbătorim sau să le aducem altfel la tăcere. Reclamele, obiceiurile de acasă sau de la locul de muncă, interacțiunile cu prietenii – toate acestea au consolidat pe parcurs relația dintre mâncare și fericire, liniște sau dragoste.

Momentele dificile, stresul sau surprizele vieții nu ocolesc pe nimeni. Cu toții traversăm situații conflictuale acasă sau la locul de muncă, ne simțim tensionați și presați de termenele de predare, așteptările celor dragi, responsabilitățile cotidiene, iar alteori experimentăm bucuria fără margini și fericirea greu de descris în cuvinte. La fel de adevărat este că fiecare trăiește și evaluează diferit evenimentele din viața sa, în funcție de trecutul și experiențele sale emoționale, mentale, spirituale sau chiar fizice.

Evenimentele generează gânduri, păreri, impresii despre cele întâmplate, iar acestea creează emoții, care la rândul lor determină reacții. Pozitive sau negative, emoțiile pot fi extrem de copleșitoare, iar această senzație atrage după sine diverse modalități de a acționa. Ne-am dezvoltat o serie de mecanisme de adaptare, dintre care unele se dovedesc dăunătoare pe termen lung, cel puțin din anumite puncte de vedere, din moment ce alegem să facem față emoțiilor într-un mod care ne face mai mult rău decât bine.

> *„Când o ușă a fericirii se închide, o alta se deschide; dar deseori ne uităm atât de mult la ușa închisă încât nu o mai vedem pe cea care s-a deschis pentru noi."*
>
> Hellen Keller

Multe persoane se învinovățesc puternic din cauză că se lasă păcălite de capcanele mâncatului emoțional, considerându-se slabe, nedemne, incapabile de autocontrol. Dacă te recunoști în această descriere, doresc ca rândurile mele să te ajute să domolești glasul cu care te cerți pentru alegerile tale, transformându-l într-o voce înțelegătoare, care să devină apoi aliatul tău în procesul de schimbare. Adevărul este că mâncarea constituie un instrument foarte puternic și eficient pentru a ne elibera de orice tip de stare apăsătoare sau pentru a augmenta bucuria. Și, dacă nu ar funcționa atât de bine, nimeni nu ar mai mânca pe fond emoțional.

Mâncarea este capabilă să ne ofere plăcere, confort, alinare, are puterea de a ne distrage și a ne distra pe moment, de aceea nu este deloc de mirare că a devenit refugiul preferat al multora. De fapt, mai toți mâncăm emoțional din când în când, nu cred că există cineva care să nu fi fost atras de împrejurările vieții în cercul vicios al asocierii dintre „comfort food" și emoțiile puternice. Problemele de comportament alimentar încep din momentul în care vorbim despre recurența zilnică a unui astfel de obicei, fapt care echivalează cu un abonament pe termen lung la kilograme în plus, boală, suferință și scăderea stimei de sine.

Cercetările arată că alimentele cele mai râvnite și consumate pe fond emoțional sunt înghețata, ciocolata și prăjiturile. Acestea îți schimbă echilibrul chimic din organism, crescând temporar nivelul de serotonină – supranumită „hormonul fericirii" – și scăzând nivelul de cortizol – numit și „hormonul stresului" –, deci faptul că dulciurile te fac să te simți mai bine nu este o impresie, ci un fapt dovedit ştiinţific. La fel ca şi certitudinea că, dacă le consumi în exces, îţi aduc şi multe kilograme în plus.

> „*Fii sincer cu privire la emoţiile tale şi foloseşte-le în favoarea şi nu împotriva ta.*"
>
> Robert Kiyosaki

Datorită conţinutului bogat în potasiu, bananele sunt aliate de bază ale sistemului tău muscular, dar excelează şi în alte domenii, cum ar fi protecţia împotriva cancerului, anemiei, afecţiunilor intestinale şi, bineînţeles, cel care le-a şi adus în acest punct al discuţiei noastre: reducerea stresului şi menţinerea stării de bine.

Mousse-ul pe care ţi-l propun se prepară în mai puţin de 5 minute şi are gust de prăjitură, însă nu îţi dă peste cap bugetul zilnic de calorii, cum ar face o prăjitură cu blat din unt şi făină albă, plus multe straturi de cremă. Alege o banană bine coaptă, piseaz-o cu furculiţa sau în blender şi adaugă-i o lingură generoasă de pudră de cacao cu grăsime redusă. Poţi folosi şi un strop de esenţă de vanilie sau de rom, înainte de a lăsa desertul câteva ore la frigider. Ornează bolul cu o mână de fructe de pădure, pentru un plus de aromă. Încearcă şi îţi garantez că va deveni desertul tău preferat!

Din experienţa mea în cabinetul medical, îţi mărturisesc că rareori se întâmplă ca mâncatul emoţional să fie cauzat de lipsa de autocontrol, deşi de multe ori aşa pare. În realitate, este vorba despre nevoia de a găsi o supapă de evacuare pentru emoţiile de tot felul: de la tristeţe la bucurie, de la dezorientare la încântare, de la furie la frustrare. Nu întâmplător, acest tip de comportament se manifestă cel mai des seara, când intervin oboseala şi nevoia firească de relaxare, pe fondul suprapunerii de trăiri acumulate peste zi.

Mintea noastră este proiectată pentru a căuta permanent şi a identifica soluţii pentru stările care ne incomodează, iar fără acest sistem de compensare bine pus la punct nu am putea fi pe deplin funcționali. Este foarte important să dorești să înțelegi care este mecanismul ce îți alimentează comportamentele problematice, pentru a le putea reconfigura, astfel încât soluțiile pe care le aplici să nu îți afecteze sănătatea și silueta, așa cum se întâmplă în cazul mâncatului emoțional.

Emoțiile care preiau controlul în farfurie

Care este starea ta de spirit înainte să mănânci? În ce situații apelezi la mâncărurile menite să te consoleze sau să te răsplătească? Îți găsești refugiul într-o prăjitură sau o ciocolată după o zi stresantă la serviciu? Te simți mai bine dacă ronțăi alune atunci când îți dă târcoale anxietatea? Și tu te recompensezi cu o pizza de fiecare dată când reușești să duci la bun sfârșit un proiect? Ciocolata îți tine loc de dragoste? Ai găsit în pateuri o formă prietenoasă de tratament antidepresiv? După o zi cu multe ședințe la locul de muncă, după o ceartă cu partenerul, după ce ai încheiat cu succes o afacere sau după o zi în care pur și simplu simți că nimic nu ți-a mers bine, dai buzna pe ușa primului fast-food care-ți iese în cale?

Dacă răspunsul este „da“ la cel puțin una din aceste întrebări, atunci probabil că și tu mănânci emoțional. Este foarte important să identifici acele situații care îți creează emoțiile pe care le contracarezi cu mâncare, pentru a putea merge mai departe și a te elibera de povara mâncatului emoțional.

De cele mai multe ori, mâncatul emoțional este legat de emoții negative. Dar, așa cum spuneam mai sus, poate fi generat și de emoții pozitive, cum ar fi recompensa pentru că ți-ai atins un obiectiv sau sărbătorirea unui eveniment fericit. Vorbim despre categoria oamenilor care cad pradă mâncatului emoțional în momentele de fericire și entuziasm, atunci când simt nevoia de a-și intensifica starea de bine... cu ceva bun.

În cazul meu, zilele ploioase, înnorate și friguroase construiesc acel cadru care nu mă inspiră deloc să ies din casă și care mă predispune la pofte. Devin vulnerabilă şi în zilele în care am programul supraîncărcat. La fel şi în weekend-ul de după o săptămână foarte încărcată. În astfel de momente, pare că singura soluţie pentru a-mi drege epuizarea mentală sau oboseala fizică este mâncarea. Cât mai dulce şi cât mai grasă, bineînţeles. Sunt sigură că te recunoşti şi tu în acest model. Datorită faptului că mă străduiesc să fac mereu cumpărături inteligente, cu greu aş putea să găsesc ceva periculos prin frigider. Însă, fiindcă legile lui Murphy funcţionează fără eroare, tot reuşesc să dau de un borcan de gem sau dulceaţă ori de o ciocolată uitată pe undeva.

Îmi amintesc de Alina, una dintre pacientele mele pentru care antidotul perfect pentru o zi stresantă era ciocolata. Când a venit la mine avea 35 de ani, 1,65 m şi 78 kg. Ţinta ei era să ajungă la 55 kg, greutate pe care nu o mai atinsese de la vârsta de 25 de ani. Îşi dorea foarte mult să slăbească şi a fost una dintre pacientele mele model. Respecta toate mesele şi alegerile alimentare pe care le stabileam împreună, se hidrata eficient pe tot parcursul zilei, nu ronţăia între mese, făcea zilnic mişcare, pe scurt urma strict programul de slăbit.

Dar toată stricteţea se ducea de râpă în momentele în care fie avea o zi dificilă la serviciu şi apăreau conflicte cu şeful sau colegii, fie se isca o dispută în familie. Alina reacţiona destul de puternic emoţional la orice nedreptate făcută ei sau celor din jur. Acest lucru o afecta atât de tare, încât singura alinare era să mănânce un aliment preferat imediat ce ajungea în confortul propriului cămin. Iar de cele mai multe ori, acesta era ciocolata. Avea momente în care nu îşi dorea decât să vină acasă, să se aşeze comod pe canapea şi să mănânce ciocolată în timp ce se uita la un film de Hollywood. A recunoscut că asta este singura modalitate de a se simţi mai bine.

Deseori mânca tabletă după tabletă fără măcar să simtă gustul, astfel că nici nu-şi dădea seama când a terminat o ciocolată întreagă, iar atunci când vedea ambalajul gol, o năpădeau remuşcările. Se simțea dintr-odată foarte vinovată și nefericită și își spunea că n-o să reușească să slăbească, că are un job mult prea solicitant și stresant pentru a se putea concentra pe dietă. Atunci mi-am dat seama că problema Alinei nu era dieta, nici măcar jobul stresant, ci ceva mult mai profund de atât.

Am rugat-o ca înainte să mănânce ciocolata să se gândească la ce a supărat-o în ziua respectivă și să privească situația din altă perspectivă. Ca să îi fie mai ușor, am sfătuit-o să-și imagineze că se află într-o sală de cinema, unde rulează filmul evenimentului respectiv. Să stea în primul rând și să observe ce se întâmplă, să se mute pe rândul din mijloc, apoi pe ultimul rând și să continue să observe cele întâmplate. A făcut acest exercițiu în mai multe seri consecutive și treptat a ajuns să înțeleagă de unde izvorăște impulsul aparent incontrolabil de a mânca ciocolată atunci când e stresată, amintindu-și de obiceiurile din copilărie. După aceea, i-a fost mult mai ușor să se relaxeze, până în punctul în care soluția nu a mai fost mâncatul emoțional.

> ” *Cea mai mare parte a fericirii sau mizeriei noastre depinde de dispoziția noastră și nu de circumstanțe.* “
>
> *Martha Washington*

ÎNCEARCĂ ȘI TU!

Jurnalul emoțiilor. Foamea emoțională este confundată deseori cu foamea reală și de multe ori ne aduce kilograme în plus. Vestea bună este că poți să o controlezi, fiindcă atunci când foamea ta este emoțională, corpul nu are nevoie de calorii, ci de confort sau alinare. Așa că, după ce ai învățat să faci diferența între foamea reală și cea emoțională, poți să încerci să ții un jurnal al emoțiilor. Folosește o agendă și împarte foaia în patru rubrici care să includă ora, locul, alimentul și emoția sau gândul din acel moment. Ține agenda la tine în permanență, iar atunci când simți nevoia să mănânci ceva ce nu ți-ai planificat pentru ziua respectivă, notează incluzând detaliile pe care ți le-am sugerat mai sus. Vei vedea că după doar câteva zile vei reuși să descifrezi ce emoții și ce situații te fac să mănânci în exces.

JURNALUL EMOȚIONAL

Data ______	Ora	Locul	Alimentul consumat	Emoția de moment
Mic dejun				
Gustare de dimineață				
Prânz				
Gustare de după-amiază				
Cină				
Gustare de seară				

M-am documentat temeinic, mi-am ascultat cu atenție pacienții de fiecare dată când, în timpul consultațiilor, accentul s-a mutat de la obiceiurile alimentare la stările lor de spirit, și am vorbit de multe ori cu colegul meu, psihologul Cristian Olteanu, despre motivele care îi determină pe oameni să mănânce pe fond emoțional, așa cum făcea și Alina. Ceea ce am aflat este foarte valoros pentru fiecare dintre noi. În continuare, îți voi propune un exercițiu de mare ajutor.

RĂSPUNDE SINCER!

Parcurge listele emoţiilor, stărilor, gândurilor pozitive şi negative, identificând ce simţi atunci când te apuci să mănânci, de ce mănânci pe fond emoţional, şi apoi caută să descoperi cum te face mâncarea să te simţi.

Stări, emoţii şi gânduri pozitive

Admiraţie
Afecţiune
Ambiţie
Amuzament
Beatitudine
Bucurie
Bunătate
Calm
Compasiune
Confort
Curaj
Curiozitate
Deschidere
Determinare
Dorinţă
Drăgălăşenie
Empatie
Energie
Entuziasm
Euforie
Exaltare
Fericire
Generozitate
Gingăşie
Gratitudine
Iertare
Implicare
Inspiraţie
Iubire
Împlinire
Încântare
Încredere
Linişte
Loialitate
Mândrie
Mulţumire
Optimism
Pace
Pasiune
Poftă de joacă
Prietenie
Putere
Recunoştinţă
Relaxare
Respect
Satisfacţie
Sensibilitate
Serenitate
Siguranţă
Speranţă
Spirit de aventură
Surprindere
Triumf
Uimire
Uşurare
Vivacitate
Voioşie

Am făcut şi eu acest exerciţiu şi îţi voi dezvălui care sunt stările pe care le traversez la ora mesei. Când mănânc o masă bună, mă simt vie, euforică, împlinită, bucuroasă, fericită, mulţumită, relaxată, în siguranţă, satisfăcută, extaziată. Nu este de mirare că nu încerc să scap de ceea ce îmi face atât de bine, însă apelez la măsură, înainte ca cele de mai sus să fie anulate de afişajul alarmant al cântarului.

Stări, emoţii şi gânduri negative

Abandon
Agitaţie
Amăgire
Ameninţare
Angoasă
Anxietate
Ceartă
Confuzie
Copleşire
Dependenţă
Deprimare
Dezamăgire
Dezgust
Disperare
Dispreţ
Eşec
Exasperare
Excludere
Frustrare
Furie
Gelozie
Gol
Groază
Inadecvare
Incompetenţă
Indecizie
Indignare
Ineficienţă
Inferioritate
Inhibare
Iritare
Isterie
Izolare
Încordare
Înfrângere
Îngrijorare
Însingurare
Jale
Jenă
Melancolie
Neastâmpăr
Neatenţie
Neîncredere
Nelinişte
Nemulţumire
Nerăbdare
Nesiguranţă
Nostalgie
Ostilitate
Panică
Patetism
Pesimism
Plictiseală
Presiune
Respingere
Ruşine
Singurătate
Spaimă
Stres
Şoc
Teamă
Tensiune
Tulburare
Umilinţă
Ură
Vinovăţie
Vulnerabilitate

Iată şi de ce mănânc pe fond emoţional câteodată: pentru că mă simt abandonată, agitată, anxioasă, angoasată, încordată, amărâtă, necăjită, descurajată, tulburată, înfuriată, golită, confuză, îngrozită, tensionată, îngrijorată, nemulţumită, fără valoare, neiubită, ameninţată, măcinată de gânduri, speriată, stresată. Uneori mă afectează combinaţii între aceste emoţii, determinându-mă să mănânc şi să beau alcool în acelaşi timp. Sunt conştientă că mă ajută numai pe moment să îmi ameliorez starea, dar nu mă opun, sar peste sentimentul de vinovăţie, iar a doua zi am grijă să mă repun pe picioare.

Nu este suficient să înțelegi ciclul mâncatului emoțional sau să depistezi factorii declanșatori, deși acesta este un mare pas înainte. Ca să te eliberezi de mâncatul emoțional ai nevoie de alternative care să te ajute să faci față emoțiilor.

Deci, cea mai bună modalitate de a întrerupe acest comportament problematic este să găsești alte soluții pentru a reacționa la emoții. Dacă îți gestionezi emoțiile într-un mod care să nu implice mâncarea, vei putea să îți controlezi obiceiurile alimentare pe termen lung. Așa că găsește-ți alte activități pentru a diminua, a controla sau a face față la emoțiile de orice fel, schimbându-ți starea de spirit într-una mai bună.

La început, corpul tău respinge foamea cu ajutorul hormonului numit adrenalină. Dar dacă stresul te apasă o perioadă mai lungă, în organismul tău crește concentrația hormonului stresului, care are puterea de a te convinge în cele din urmă să devorezi tot ce-ți iese în cale. Când stresul dispare, nivelul cortizolului scade, iar apetitul tău revine la normal. Ai grijă, așadar, la nivelul de stres din viața ta și învață să te relaxezi din când în când pe parcursul zilei.

» *Adu-ți aminte, forța interioară este cea care trage sforile; acolo sălășluiește puterea de a convinge, acolo e viața.* «

Marc Aureliu

Poate îți este greu să crezi că funcționează, fiindcă ai mai încercat în trecut să reziști tentațiilor alimentare în astfel de situații și nu ai reușit. Adevărul este că ai mult mai multe resurse decât bănuiești. Trebuie doar să găsești în interiorul tău acea forță care să îți dea aripi, fără să aducă un surplus de calorii. Care este acel lucru care te liniștește și te ajută să te simți mai bine?

Ce ne face fericiți? Hormonii fericirii și secretul activării lor

În timp ce faci schimbări sănătoase în alimentația ta, pe plan emoțional trebuie să-ți găsești alternative la fel de personalizate ca și dieta. Deci, dacă nu îți este cu adevărat foame, ci ai nevoie doar de un pansament, o consolare, o senzație care să îți dea sentimentul acela că trăiești din plin, încearcă să faci ceva ce-ți place.

Poți să alegi meditația ghidată cu efecte relaxante, exercițiile de respirație conștientă, mișcarea, fie ea și o plimbare scurtă, aromoterapia, masajul, poți să citești o carte sau să te uiți la un film, cu condiția să nu ronțăi în același timp. Îți poți urma cu conștinciozitate pasiunile cărora nu le-ai acordat niciodată suficientă atenție, dar care îți pot crea un fantastic sentiment de împlinire. Ai la îndemână și minunata variantă a întâlnirilor cu prietenii. Chiar dacă ești la birou, poți închide ochii și te poți relaxa pentru câteva minute, iar soluțiile cu zero calorii sunt multe!

„*Fericirea este în noi, niciodată în jurul nostru.*“

Mihail Sadoveanu

Vestea bună este că și știința ne sare în ajutor. Probabil ai auzit până acum despre „hormonii fericirii“ în articole care îți spun să faci sport, să te dedici activităților care îți fac plăcere, pentru a stimula producerea acestora în organism. Într-adevăr, cei mai cunoscuți hormoni sunt cei secretați de glandele endocrine, în cea mai mare parte de tiroidă. Dar există și această categorie specială de hormoni care se secretă la nivelul sistemului nervos, asigurându-ne echilibrul și starea de bine.

Fericirea se bazează pe procesele chimice desfășurate în corpul nostru, fiind provocată de patru neurotransmițători: dopamină, serotonină, oxitocină și endorfine, care produc o varietate de efecte benefice asupra stării noastre de spirit. În continuare, îți propun să descoperim mai multe informații despre fiecare, despre modul în care contribuie la sănătatea noastră, şi să aflăm care sunt modalităţile prin care putem stimula organismul să secrete aceşti hormoni.

Dopamina

Dopamina este „neurohormonul plăcerii" şi se secretă atunci când ne construim o serie de aşteptări pozitive legate de o întâmplare din viaţa noastră, când avem garanţia succesului şi convingerea că ne putem baza pe forţele proprii pentru a îndeplini ceea ce ne-am propus. Nu degeaba se spune că experienţa călătoriei este mai plăcută decât destinaţia în sine. Dopamina stimulează atenţia, învăţarea şi creativitatea, dar şi acţiunea, ajutându-ne să ne coordonăm mai bine mişcările; creşte nivelul atracţiei sexuale şi ne consolidează încrederea în sine.

> ” *Toată lumea vrea să trăiască pe vârful unui munte,*
> *fără să ştie că adevărata fericire constă în felul*
> *în care urci pantele abrupte spre vârf.* “
>
> Gabriel Garcia Marquez

Cum putem obţine mai multă dopamină?

Răspunsul este simplu: făcând diverse lucruri care ne provoacă plăcere. Din păcate, există şi reversul medaliei: consumul de droguri sau jocurile de noroc cresc nivelul de dopamină din creier, ceea ce explică instalarea acestor dependenţe puternice.

Activează-ţi spiritul creativ! Data viitoare când ţi se va întâmpla ceva care să îţi provoace bucurie – promovarea la locul de muncă, un raport încheiat cu brio, rezultate excelente ale copilului tău la şcoală – inventează un fel de ritual personal care să te facă să te simţi bine. În loc să te răsplăteşti cu o cină cu grăsimi şi zahăr din abundenţă, bogată în calorii, ia-ţi o după-amiază liberă şi petrece-o împreună cu cei dragi departe de mâncare. Începe să-ţi antrenezi creierul să se bucure, să sărbătorească fără mâncare.

> ” *Fericirea nu e ceva gata făcut, ea vine din faptele tale.* “
>
> Dalai Lama

Serotonina

Serotonina își face apariția atunci când ne simțim importanți, când facem ceva semnificativ, demn de laudă și apreciere. Uneori, simpla amintire a unor experiențe plăcute determină creșterea nivelului de serotonină, pentru că în acel moment sunt anihilate emoțiile negative. Serotonina scade agresivitatea, reglează apetitul și menține starea de bine, iar în absența ei se manifestă depresia, agitația, senzația de epuizare psihică și fizică. Deloc întâmplător, medicamentele antidepresive acționează asupra metabolismului serotoninei.

Cum putem stimula producția de serotonină?

Un stil de viață echilibrat te ajută să menții ridicat nivelul serotoninei. Mănâncă zilnic micul dejun, consumă zilnic proteine, odihnește-te suficient, păstrează mereu contactul cu emoțiile tale și cu semnificația acestora. Dacă îți dau târcoale stresul sau supărarea, nu le trata cu o prăjitură, ci ia-ți pantofii cei mai comozi și ieși la plimbare prin împrejurimi. O plimbare, fie ea și scurtă, va crește nivelul de serotonină din creier, răsplătindu-te cu o stare de bună dispoziție.

Acceptă darul meditației! Meditația îți oferă acea cale de explorare liniștită a lumii tale interioare, de aceea aș spune că reprezintă mai degrabă un cadou. Un studiu realizat de Oregon Health & Science University a demonstrat că tehnicile de relaxare, precum meditația, yoga sau scrisul în jurnal, pot ajuta femeile să slăbească în medie 4,5 kilograme pe an fără să țină niciun fel de dietă. Cel mai probabil, aceste activități contribuie la eliminarea stresului cotidian, astfel încât cei care le practică sunt mult mai puțin tentați să mănânce pe fond emoțional.

Oxitocina

Oxitocina și-a câștigat renumele de „hormonul iubirii", fiind rudă apropiată a atașamentului și afecțiunii. Secreția de oxitocină este încurajată de situațiile în care ne simțim fericiți și mulțumiți în intimitate, participând la dezvoltarea unor conexiuni puternice și relații sănătoase de prietenie sau dragoste. O îmbrățișare, o mângâiere, o vorbă plină de afecțiune, în principiu toate gesturile de tandrețe la care te poți gândi ajută la creșterea nivelului de oxitocină. Aceasta inhibă astfel secreția de cortizol și acționează ca un anxiolitic natural.

> ” *Există o forță extrem de puternică, pentru care, cel puțin până în prezent, știința nu a găsit o explicație formală. Este forța care include și guvernează totul, este chiar în spatele oricărui fenomen care are loc în univers și încă nu a fost identificată de noi. Această forță universală este iubirea.* “
>
> Albert Einstein

Cum putem stimula producția de oxitocină

Socializează cu inima deschisă! Bucură-te de compania celor dragi și participă la cât mai multe conversații, atunci când te afli la o petrecere. Astfel, mare parte din timp te vei concentra să vorbești cu ceilalți, în loc să deguști mâncărurile pe care, în cele din urmă, ajungi să le devorezi. În fond, petrecerile de orice fel sunt un prilej de a ne întâlni cu persoane dragi și de a petrece împreună timp de calitate.

Alătură-te unui grup de suport! Iată o modalitate bună de a împărtăși trăirile tale cu ceilalți și de a învăța din experiențele lor. Studiile recente au descoperit că persoanele care urmează programe de slăbit ce includ grupuri de suport slăbesc mai eficient și se mențin pe termen lung. Dacă simți că te copleșesc stresul și neliniștile și ai epuizat mijloacele proprii de contracarare a acestor stări, discută cu medicul tău nutriționist sau cu un psiholog, căci ei te pot ghida către modalități sănătoase de a face față acestor emoţii, altfel decât prin mâncare. În plus, îţi garantez că te vei simţi mai bine vorbind despre problemele tale cu cineva care nu are nici cea mai mică intenţie să te judece, să te certe sau să pună presiune asupra ta.

Endorfinele

Endorfinele îşi manifestă puterea benefică scăzând percepţia durerii în organism, inducând o stare de calm, relaxare şi fericire. Lumina naturală, râsul, activităţile sportive, gusturile incitante, sexul determină creşterea nivelului de endorfine. Acestea se secretă şi în situaţiile de stres sau durere, producând efecte energizante, care diminuează stările apăsătoare sau agresivitatea.

Cum putem stimula organismul să producă endorfine

Ai auzit de „runner's high"? Poate ai şi tu prieteni care se declară dependenţi de alergat. Te întrebi cum e posibil, iar înainte să te dumireşti, aceştia te şi anunţă cu mândrie că se înscriu la maraton. Explicaţia este simplă: de la un punct încolo, alergarea pe bandă, în parc, ca şi mersul pe bicicletă, încetează să mai fie percepute ca un efort epuizant, devenind o sursă de bucurie. Este vorba despre satisfacţia care te animă atunci când simţi că îţi depăşeşti limitele.

Producţia de endorfine poate fi stimulată şi prin diferite tipuri de masaj, acupunctură, meditaţie, o porţie sănătoasă de râs sau un smoothie de mere, morcovi şi portocale. Ca să eviţi să mai apelezi la alimentele bogate în grăsimi şi zahăr, de asemenea responsabile pentru creşterea nivelului de endorfine.

Topul alimentelor care produc hormonii fericirii

Fasolea	Ouăle
Spanacul	Peştele gras
Avocado	Carnea de curcan
Sparanghelul	Fructele de mare
Bananele	Ciocolata neagră
Iaurtul grecesc	Cafeaua

Trucurile mele împotriva mâncatului emoțional
După ce am aflat cum putem stimula hormonii fericirii, folosind anumite strategii pentru a evita mâncatul emoțional și a identifica alte metode prin care să accesăm starea de bine, îți voi împărtăși secretele care mă ajută atunci când emoțiile mă împing spre farfurie. Când realizez că îmi fac deja prea multe planuri pentru un festin neprogramat, de care organismul nu are realmente nevoie, conștientizez că există riscul să pierd controlul și apelez la una din activitățile care mă relaxează și îmi oferă cel puțin la fel de multă satisfacție ca mâncatul.

Îmi pun muzică și încep să dansez prin casă. În general, ascult muzică latino, de dans, care mă determină să mă mișc în mod natural, fără să fie nevoie de prea multe argumente. Îmi place să urmăresc lecții de zumba pe internet și încerc să reproduc mișcările de acolo, nu neapărat cu succes, dar sigur cu entuziasm. Alte dăți ascult rock (AC/DC, de exemplu) și țopăi fără vreo anume coregrafie, mă bucur pur și simplu de muzică și de mișcare. În funcție de dispoziția de moment, caut pe Youtube piese speciale pentru alergare și încep să alerg... pe loc, în casă.

Ascult un discurs motivațional sau un audiobook. Textele care mă hrănesc emoțional și spiritual fac inutilă punga de chipsuri sau cutia de bomboane. Hai să încercăm să ne cunoaștem mai bine și să lucrăm cu noi înșine cu mijloacele potrivite în momentele stresante sau dificile! Îți recomand călduros discursurile TED, care te vor surprinde prin teme captivante, expuse de speakeri carismatici. Eu îi ascult cu plăcere pe Brené Brown (discursul ei „Curajul de a fi vulnerabil" m-a marcat profund), Tony Robbins, Dan Ariely sau Wayne Dyer. Iată ce cărți și audiobook-uri se regăsesc în topul preferatelor mele la capitolul psihologie și dezvoltare personală:

Puterea prezentului, de Eckhart Tolle
Femei care iubesc prea mult, de Robin Norwood
Supă de pui pentru suflet, de Jack Canfield și Mark Victor Hansen
Curajul de a fi tu însuți, de Jaques Salomé

Dacă m-aş asculta m-aş înţelege, de Jaques Salomé (preferata mea)
Inteligenţa emoţională, de Daniel Goleman
Schimbând gândirea îţi schimbi viaţa, de Brian Tracy
Puterea nemărginită, de Anthony Robbins
Trezeşte uriaşul din tine, de Anthony Robbins
Dăruind vei dobândi, de N. Steinhardt
Chiar dacă ţi-e frică acţionează, de Susan Jeffers

Îmi fac curat în dulap. De fapt, la început nici nu se poate spune că arată a curăţenie. Asta pentru că scot hainele rând pe rând până se umple toată camera, după care începe partea cea mai distractivă – probatul. Le sortez pe cele pe care nu le mai port şi le împart în mai multe categorii: piese vestimentare care ştiu că le-ar plăcea şi li s-ar potrivi ca mărime prietenelor mele (eventual în funcţie de gusturile şi preferinţele fiecăreia) şi haine în stare foarte bună, neutre din punct de vedere al stilului, pe care le donez. În partea a doua, selectez hainele cu care urmează să mă îmbrac în zilele următoare, iar atunci când aşez lucrurile la loc în dulap mă distrez organizându-le în funcţie de diferite criterii de culoare, sezon, moment al zilei, stil, după cum îmi dictează imaginaţia.

Dacă după toate acestea nu sunt epuizată, dau şi o tură prin magazinele online, desfătându-mi privirea cu modelele de rochii apărute recent. Dar încerc să nu cumpăr pe loc, ci îmi salvez preferatele în *wish list,* şi le achiziţionez apoi numai pe cele care îmi stăruie în minte şi pe care le pot vedea perfect integrate în ţinutele viitoare.

Mă uit la filme. Îmi plac serialele de comedie, nu ocolesc nici desenele animate, iar dacă am puţin timp la dispoziţie revăd pe Youtube scene din filmele care mi-au marcat drumul vieţii. Unele episoade, chiar dacă le-am văzut de zeci de ori, continuă să mă binedispună. Indiferent dacă eşti femeie sau bărbat, mai ales dacă ai în jur de 35-40 de ani, trebuie neapărat să vezi „The Shift", un documentar revelator regizat de Michael A. Goorjian.

Petrec timp cu oamenii dragi. Sun o prietenă, vorbesc cu părinții mei sau merg cu soțul la plimbare ori pur și simplu mă cuibăresc pe canapea alături de el și mă bucur de câteva clipe de liniște. Conexiunea cu cineva drag îți poate da o satisfacție care nu se compară cu nimic în lume. Cu atât mai puțin cu o porție de glucide nesănătoase sau de grăsimi saturate! E adevărat că uneori ne îndreptăm, trecând prin parc, către un restaurant, unde ne mai răsfățăm cu bunătăți „interzise“ într-un stil de viață sănătos. Însă avem grijă să nu se întâmple la ore târzii (niciodată după ora 18) și de obicei ne planificăm ca ieșirea la restaurant să fie masa principală a zilei, restul meselor fiind gustări ușoare care să nu ne dezechilibreze balanța greutății.

Îmi pun îndemânarea la încercare. Există și activități relaxante care necesită concentrare și ne țin mâinile ocupate, nemailăsând loc pentru gândul la mâncare. De exemplu, cos câte un nasture care a picat când îmi era lumea mai dragă și timpul mai limitat sau calc cămășile și rochiile pe care nu apuc să le calc în diminețile aglomerate. Și ultimul, dar nu cel din urmă secret: caut tutoriale de machiaj pe internet și le încerc pe cele care îmi fac cu ochiul și mi se potrivesc.

SECRETELE OAMENILOR NATURAL SUPLI

Cu siguranță, ai observat și tu, poate chiar cu un strop de invidie, că există oameni care, parcă indiferent cât și ce ar mânca, pur și simplu nu se îngrașă. De fapt, doar noi avem impresia că nu respectă nicio regulă, fiindcă într-adevăr nu au încrâncenarea celor constrânși de vreo dietă și nici nu resimt presiunea restricțiilor. În realitate, însă, persoanele natural suple au reușit să dezvolte și să mențină de-a lungul timpului o relație sănătoasă cu mâncarea, aplicând niște principii simple și extrem de eficiente.

Preia și tu secretele lor și folosește ca inspirație cele patru direcții trasate de Paul McKenna, un renumit autor de cărți de dezvoltare personală:

Mănâncă atunci când îți este foame. Îți reamintesc să evaluezi de fiecare dată senzațiile din corpul tău, încercând să faci diferența dintre foamea fizică și cea emoțională, dintre necesitatea reală de a mânca pentru a-ți reface rezervele de energie și nevoia imperioasă de a simți un gust anume (poftă).

Mănâncă orice te inspiră total. Consumă cu măsură alimentele preferate, dar bucură-te de mâncare atunci când te așezi la masă. Nu lăsa emoțiile negative să intervină în acest cadru, din cauză că îți pot perturba simțurile și te pot păcăli să te supraalimentezi, pentru ca apoi să te coboare pe panta regretelor și a vinovăției. Fii un gurmand rafinat, alegând cu grijă momentul mesei, cantitatea și combinațiile de alimente.

Mănâncă conștient, savurând fiecare înghițitură. Transformă fiecare masă a zilei într-un ritual care să implice calm, liniște, relaxare, răbdare, atenție. Ia bucăți mici de mâncare, mestecă bine, extrage maximum de gust din fiecare înghițitură și fă pauze în timpul mesei.

Când te-ai săturat, oprește-te. Scala senzației de sațietate este instrumentul care face diferența dintre a te hrăni și a te îmbuiba. Ți-am descris la începutul acestui capitol cum îți poți asculta corpul, tratându-l cu grijă și respect, nu ca pe un sac în care încape oricâtă mâncare înghiți, fără discernământ.

Dragostea, senzația de comuniune, plăcerea, bucuria se numără pe lista nevoilor pe care le avem cu toții și pe care alegem să le satisfacem și prin intermediul mâncării. Mâncăm pentru a ne integra social, fiindcă mâncarea este bună, reprezintă o formă de plăcere accesibilă, ne face fericiți, ne ajută să ne detașăm. Orice comportament-problemă este ghidat de o intenție pozitivă, acesta este secretul psihologic din spatele tuturor acestor obiceiuri.

Există momente în care mâncarea ține loc de dragoste. Am experimentat și eu anestezia prin mâncare, senzația aceea că te anulezi, te îngropi în gusturi și arome, că nu mai contează nimic decât să te simți bine în acel moment, indiferent de repercusiuni. Dacă ți-ai striga durerea, s-ar cutremura pereții. Dacă ai încerca să o cuprinzi, te-ai frânge. Dacă ai vrea să o împărtășești cu altcineva, te temi că te-ai izbi de un zid. Așa că te străduiești să o înăbuși, să o reprimi folosind ceea ce ai la îndemână.

După astfel de episoade, intervin autocritica, regretele, iar la problema inițială care a generat comportamentul alimentar se adaugă și sentimentele de nevinovăție și neputință. Abia atunci se agravează lucrurile cu adevărat. Hai să vedem ce putem face din acest punct.

Acceptă că nu este nimic greșit în a-ți dori să experimentezi cât mai multe stări pozitive. Conștientizează că din punctul în care își fac apariția efectele negative – mâncarea se transformă în grăsime ce se depune nu doar pe organele interne, ci și pe suflet – ai datoria față de tine de a găsi o soluție viabilă care să nu îți pună sănătatea în pericol.

Încetează să te mai critici, niciodată autocritica nu a fost primul pas către vindecare. Desigur că întotdeauna putem face mai bine, mai mult, chiar aproape perfect, așa cum am fost mereu învățați de cei apropiați și de societate în general, doar că nu suntem perfecți și nu e nimic în neregulă cu asta.

Să ne dăm voie să ne dorim ambele lucruri în același timp: să și mâncăm acea prăjitură sau ciocolată exact atunci când avem mai mare nevoie de ea, dar să și avem o siluetă trasă prin inel și o stare bună de sănătate. În interiorul tău există două părți care sunt în conflict. O parte are nevoie să savureze o mâncare bună, iar cealaltă își dorește forme de manechin și sănătate de fier. Ambele sunt la fel de importante, fiecare își caută împlinirea, de aceea merită să găsești formula potrivită, astfel încât să nu se anuleze una pe alta. Nici bucuria și plăcerea de moment nu ar trebui amânate la nesfârșit sau asumate pe moment, pentru ca apoi să evolueze către vinovăție, nici cântarul nu ar trebui să devină o sperietoare care să-ți domine viața.

Lipsa de echilibru între cele două nevoi – aceea de a te simți bine prin mâncare și aceea de a-ți fi bine fără ea – alimentează în interiorul tău o stare permanentă de conflict, transformându-ți corpul și sufletul într-un câmp de bătălie. Conștientizează cât de mult te-ai luptat până astăzi; de acum înainte este cazul să te așezi la masa tratativelor și să negociezi pacea. Doar întreabă-te, ținând cont de tot ceea ce ai acumulat în acest capitol: cum aș putea simți fericire mâncând ciocolata și având în același timp o siluetă armonioasă?

RĂSPUNDE SINCER!

Integrarea părților aflate în conflict. Comportamentul care generează problema joacă de obicei un rol foarte important în viața noastră, de aceea nu căuta să îl elimini fără să-l înțelegi și fără să găsești o soluție egală ca intensitate și eficacitate.

1. Ce sentimente și gânduri contradictorii ai în privința stilului tău de viață?

___

___

___

2. Care este intenția pozitivă din spatele comportamentelor tale alimentare?

___

___

___

___

3. Care este nevoia ascunsă din spatele comportamentelor tale alimentare?

___

___

___

4. De ce anume te protejează aceste comportamente?

___

___

___

5. Cum altfel poate fi împlinită nevoia din spatele acestor comportamente?

___

___

___

Nu uita, fii bine cu tine! În următorul capitol tocmai despre asta vom vorbi, nu înainte de a te provoca să recunoşti şi să rezolvi conflictele din viaţa ta legate de comportamentele alimentare care consideri că îţi dau serios de furcă.

Capitolul 4

CE-ȚI SPUI CÂND VORBEȘTI CU TINE?

Schimbă-ți gândurile
pentru a-ți putea schimba comportamentul!

DE CE ESTE NECESAR SĂ ÎŢI REPROGRAMEZI GÂNDURILE DACĂ VREI SĂ REUŞEŞTI?

Să ne întoarcem puţin la imaginea piramidei care înfăţişează pas cu pas nivelurile pe care trebuie să le bifăm pentru a ne îndeplini eficient şi satisfăcător obiectivele. Aşa cum îţi spuneam, o mare parte dintre cei hotărâţi să facă o schimbare în viaţa lor – şi îi includ aici pe cei care vor să slăbească sau să adopte un stil de viaţă sănătos – reuşesc să îşi corecteze vizibil comportamentul, doar că aceste ajustări nu sunt durabile, câtă vreme nu lucrează şi la atitudine, acolo unde îşi au rădăcinile credinţele, valorile şi principiile.

Fiecare om este un conglomerat complex de opinii, sentimente, emoţii şi gânduri, în relaţie de interdependenţă unele cu altele şi în continuă transformare. Cu toţii avem temeri, speranţe, îndoieli, ambiţii, dorinţe, iar acestea nu numai că definesc viziunea noastră despre viaţă, ci ne influenţează direct alegerile şi acţiunile. Gândurile au puterea de a crea emoţii, pe care le manifestăm în lumea exterioară, şi de a determina reprezentări, proiecţii, vizualizări, în funcţie de care acţionăm apoi. La rândul lor, faptele se soldează cu consecinţe şi rezultate care ne modelează gândurile, atitudinea şi acţiunile viitoare.

„*Omul este produsul gândurilor lui; el devine ceea ce gândeşte.*"

Mahatma Ghandi

Ceea ce vreau să îţi spun este că gândul poate fi privit ca un izvor al evenimentelor din viaţa ta. Gândurile generează emoţii şi emoţiile generează evenimente, după modelul unui balon care se umflă treptat; evenimentele dau naştere altor gânduri şi acţiuni, iar cercul se reia. Iată de ce nu este suficient să te lupţi cu comportamentele alimentare problematice, indiferent cât de atent şi conştiincios ai aplica recomandările mele. Schimbă-ţi în profunzime modul de a gândi, începând să lucrezi cu credinţele şi emoţiile, iar modificările comportamentale vor veni în mod firesc şi vor avea o bază reală. Când reușești să aliniezi axa gând-emoție-comportament, totul devine simplu.

În fond, singurul lucru cu care avem de-a face în fiecare moment îl constituie gândurile, iar acestea pot fi schimbate pentru a funcționa în favoarea noastră. Acum, în această secundă, ai libertatea de a alege să gândești diferit față de cum ai făcut-o până în urmă cu un minut. Atunci când plantezi o sămânță în pământ, natura o ajută să crească. Și tu ești un microcosmos care funcționează după aceleași legi, iar natura ta interioară va favoriza dezvoltarea gândurilor pe care le plantezi în minte.

Uneori, te copleșesc poftele și prin mintea ta gonesc imagini cu farfurii pline de cartofi prăjiți, felii de pizza cu *extra-cheese*, fripturi suculente cu fâșii de grăsime sau prăjituri cu multă cremă. Este perfect adevărat că nu putem opri gândurile, însă putem alege cărora dintre ele să le acordăm atenție, pentru ca apoi să schimbăm macazul în direcția dorită. Învață să observi cu atenție ceea ce gândești și simți. Astfel, gândurile nu vor mai intra pe ușă buluc, ci vor sta cuminți la rând, așteptând să fie analizate. Fiindcă nu trăiești sub dominația gândurilor tale, ci ai capacitatea de a interveni în acest flux de idei, odată ce conștientizezi că ai tendința de a mânca emoțional, compulsiv, dezordonat. Poți alege cum să îți disciplinezi impulsurile și emoțiile, pentru a pune ordine în obiceiurile care îți sabotează sănătatea și silueta.

La naștere, fiecare dintre noi a primit o pânză albă, imaculată, pe care s-au așternut treptat ideile, opiniile, sentimentele, atitudinile, valorile, credințele care au ajuns să ne definească ca adulți. Nimeni nu s-a născut cu o imagine predefinită despre sine, ci cu un potențial infinit. Se spune că suntem suma experiențelor noastre, dar aici intervine o nuanță foarte importantă: suntem de fapt suma ideilor sau impresiilor pe care ni le-am format în urma întâmplărilor de viață prin care am trecut și pe care le-am acceptat ca fiind valabile. Când crezi cu tărie în ceva, acel lucru devine adevărat pentru tine, indiferent despre ce este vorba.

„Nu ești ceea ce gândești că ești, ci ești ceea ce gândești."

Brian Tracy

Imaginea ta de sine determină ceea ce gândești, simți, spui și faci, de aceea schimbările izvorâte din interior sunt cele care preced modificările comportamentale în armonie cu felul tău de a fi și cu planul tău de viață. Drumul către silueta suplă și starea de sănătate optimă nu începe cu o dietă care să cuprindă tot ceea ce trebuie să mănânci pe ore, zile, săptămâni și luni. Sau, dacă începe astfel, există riscul ca imediat după ce ajungi la destinație să faci cale întoarsă la starea dinainte, ori chiar să regresezi față de punctul de pornire, trezindu-te cu un surplus de kilograme. Dacă începi cu modelarea concepției de sine, mintea ta va prelua mesajul, iar corpul îl va transforma în realitate.

Poate dacă nu aș fi văzut de atâtea ori dezamăgirea în ochii pacienților care au călcat pragul cabinetului meu, mărturisindu-mi că au încercat *degeaba* tot ce se putea în materie de diete, ceaiuri, pastile și câte și mai câte trucuri de slăbit, nu aș fi înțeles niciodată importanța credințelor și a valorilor personale în dirijarea comportamentelor, emoțiilor și atitudinilor. Pregătirea interioară corespunzătoare pentru atingerea rezultatelor la care aspiri te programează pentru rezultate excelente. Subconștientul tău va folosi relația ta cu propriul sine pentru a-ți coordona gândurile, cuvintele și acțiunile ulterioare.

Imaginea pozitivă despre tine și un set de valori bine pus la punct reprezintă o parte vitală a procesului de schimbare. În acest capitol vei descoperi cum poți planta în peisajul tău mental credințe noi, pozitive și constructive, astfel încât să te ajute să îți depășești teama de eșec și să accesezi la maxim potențialul pe care acum poate nici nu conștientizezi că îl ai. De asemenea, vei afla cum să îți identifici valorile, lucrurile care contează cel mai mult pentru tine, astfel încât să îți setezi standardele și să nu abdici de la ele.

„Repetă-ți mereu «Am încredere în mine!» și această formulă îți va readuce în minte reușitele din trecut și îți va restabili încrederea și siguranța."

Colin Turner

CREDINȚELE LIMITATIVE ȘI CREDINȚELE POTENȚATOARE

În viața ta de până acum ai adunat un buchet de succese și eșecuri, informații și opinii la care ai ajuns în urma deciziilor luate și a experiențelor trăite. Toate acestea te-au îndrumat în formarea credințelor despre tine și despre abilitățile tale, modelându-ți încrederea și respectul de sine. Pentru fiecare domeniu important al vieții tale ai dezvoltat o serie de credințe și convingeri care îți ghidează acțiunile în acea zonă.

De exemplu, ai niște păreri clare despre starea ta generală de sănătate și forma ta fizică, în funcție de modul în care te alimentezi și de programul tău de mișcare. Ai ajuns să cunoști cum decurge relația ta cu mâncarea, iar exercițiile din capitolul anterior te-au ajutat să îți înțelegi mai bine comportamentul alimentar. Ți-ai creat o imagine despre cum te comporți ca părinte, coleg, prieten, luând în considerare lucrurile pe care cei din jur le apreciază și pe cele care îi dezamăgesc la tine. Ți-ai format o impresie despre cum te descurci la locul de muncă și despre meritele tale financiare, dar și despre capacitatea de a economisi banii pe care îi câștigi.

În cazul de față, accentul cade pe alimentație și stilul de viață, însă ceea ce urmează să îți spun se aplică în oricare alt domeniu. Oamenii care reușesc să își îndeplinească visurile – fie că este vorba despre a slăbi până la câteva zeci de kilograme, a-și cumpăra o mașină nouă, a face un salt important în carieră, a-și construi o relație de cuplu fericită – au ceva în comun. Cu toții au înțeles că pentru a transforma în realitate schimbarea pe care și-o doresc au nevoie să se debaraseze de credințele și sentimentele negative care îi perturbă.

> „*Căutam mereu putere și încredere în afara mea, dar acestea vin dinăuntru. Erau acolo dintotdeauna.*"
>
> Anna Freud

Pentru a culege o viață mai bună, pur și simplu nu poți sări peste etapa în care sădești semințele unei imagini de sine pozitive. De aceea, oamenii de succes și-au canalizat energia către schimbarea modului de a gândi despre ei înșiși, a felului în care se raportează la propria persoană. Dacă vizualizezi cu speranță și determinare punctul în care îți dorești să ajungi, considerând că ai puterea și abilitățile necesare pentru a-ți atinge scopul, te vei bucura de rezultate mai bune în tot ceea ce faci. Dacă te concentrezi obsesiv asupra greșelilor la care te predispune firea ta, dacă te temi că te vei face de râs și îți imaginezi un eșec răsunător, rezultatul va fi slab, indiferent cât de bune sunt datele concrete de la care pornești.

> „*Orice gând este o sămânță. Dacă plantezi mere acre, nu te aștepta să culegi ionatane.*"
>
> Bill Meyer

Am întâlnit atât de mulți pacienți care și-au declarat deschis dorința de a-mi urma cu sfințenie sfaturile pentru ei, și părea că procesul schimbării va merge conform planului, până în punctul în care auzeam ecoul defăimător al lipsei de încredere în forțele proprii: „O să fac tot ce ține de mine, dar nu cred că o să fiu ca oamenii aceia care reușesc să slăbească și să își schimbe viața pentru totdeauna". Iată că am ajuns pe tărâmul credințelor limitative, cele care te devalorizează și îți atacă stima de sine.

„Nu știu dacă o să fiu în stare să fac o schimbare adevărată."

„Eu nu duc nimic la bun sfârșit, de ce aș duce procesul de slăbit?"

„Pur și simplu nu cred că m-am născut să fiu o persoană slabă."

„Nu am fost niciodată o persoană frumoasă, nu mă pot gândi astfel la mine."

„Nu sunt o persoană suficient de bună, ca să mi se întâmple lucruri bune."

„Mereu m-am îngrășat după ce am slăbit; de ce să mă mai chinui, dacă oricum rezultatul e același?"

„Mi-e teamă că mă voi bloca și de data asta și voi abandona dieta după prima săptămână."

„I-am dezamăgit de fiecare dată pe cei din jur, de ce aș mai încerca să le dovedesc contrariul?"

„Dacă îmi iese ceva bine, apoi urmează o serie de ghinioane."

„Oricum sunt gras, ce mai contează o prăjitură în plus?"

„Nu am eu norocul altora, să pot să mănânc orice și să nu mă îngraș."

„Nu am voința necesară pentru a mă abține de la mâncare."

„Dacă slăbesc prea mult, risc să mă îmbolnăvesc mai ușor."

„Dacă mă îmbolnăvesc, e mai bine să am de unde să slăbesc."

Și eu am purtat cu mine un bagaj considerabil de credințe limitative, împrumutate de-a lungul timpului de la membrii familiei, rude, prieteni sau apropiați, dar le-am preschimbat pe parcurs în credinţe potenţatoare. Mai exact, am ales să cred exact inversul lor. Am făcut acum un exerciţiu de memorie pentru a nota câteva dintre ele cu titlu explicativ; altminteri, nici nu mi le-aş fi amintit, fiindcă am ales să îmi populez mintea cu convingeri care mă impulsionează pe toate planurile.

„Nu contează de câte ori cazi, contează de câte ori te ridici!" în loc de „Dacă vezi că tot încerci şi nu reuşeşti, înseamnă că nu este pentru tine!"

„Nu există eşec, există doar feedback!" în loc de „Asta e, nu te pricepi şi gata! Dacă vezi că nu-ţi iese, mai bine renunţă, măcar nu te mai faci de râs."

„Dacă alţii au reuşit, înseamnă că pot şi eu!" în loc de „Nu toată lumea poate să facă asta."

„Când ceva nu merge, schimbă direcţia de mers, niciodată ţinta!" în loc de „Când ceva nu merge, lasă-te păgubaş, nu vezi că nu reuşeşti? De ce te încăpăţânezi atât?"

„Dacă viaţa îţi dă lămâi, învaţă să faci limonadă!" în loc de „Asta e soarta noastră, nu avem ce-i face..."

Tot ce răsună în mintea ta ca o mantra negativă, întrerupând fluxul evoluţiei, poate să provină din copilărie sau adolescenţă şi s-a înrădăcinat bine în conştiinţa ta, din cauza repetiţiilor succesive. De cele mai multe ori, părinţii sau celelalte persoane alături de care creştem şi ne dezvoltăm doresc să ne protejeze de aşteptări nerealiste, de eşecuri. Deşi aceste constatări despre propria persoană şi despre mersul lucrurilor în general nu îţi aparţin, ai ajuns să le crezi. Dar acum, dacă observi că te încurcă în loc să te ajute, singura soluţie este să încalţi cu încredere papucii tăi de adult şi să te poziţionezi în miezul situaţiei, înţelegând de unde izvorăsc aceste convingeri. Încearcă să îţi dai seama când şi cum s-a scris pe tine un lucru negativ, pentru ca apoi să reacţionezi în mod matur, constructiv.

Demontează credinţele care nu te ajută; nu contează cât de mult timp ai crezut ceva greşit, poţi alege ca din acest moment să nu îţi mai diminuezi calităţile, aptitudinile sau abilităţile de schimbare şi progres. Ţie îţi aparţine responsabilitatea de a te fi menţinut la un nivel depreciativ, dar nu te va ajuta acum să te învinovăţeşti pentru asta. Tot ceea ce trebuie să faci este să dai naştere unei noi realităţi, odată ce ai ieşit de sub dominaţia lui „Nu pot!" şi „Nu merit!".

După ce le-ai demascat, te poţi elibera de automatismele care te limitează. Dacă meditând la vechile tale credinţe ajungi la concluzia că sunt prea adânc înrădăcinate în raport cu capacitatea ta de a te reinventa, nu te sfii să ceri ajutorul unui psiholog. Din ce în ce mai mulţi oameni sunt deschişi către această variantă, dar te asigur o dată în plus că nu suferi de o boală şi nici nu eşti în pragul nebuniei dacă apelezi la psihoterapeut. Psihologul nu este altceva decât un antrenor care ştie cum să te pregătească mental şi emoţional pentru procesul de schimbare.

Acum înţelegi de ce ai dezvoltat anumite tipare comportamentale – s-au pliat foarte bine pe credinţele tale. De câte ori nu ţi s-a întâmplat să mănânci doar pentru că ai plătit, pentru că este mâncare pe masă, pentru că nu se cuvine să superi gazda sau pentru că nu vrei să îl mânii pe Dumnezeu, câtă vreme alţi oameni se confruntă cu lipsuri mari? Aşa ai ajuns să basculezi unele după altele sarmale, cârnaţi, jumări, paste, fripturi împănate, chifle pufoase şi câte şi mai câte.

Dar, schimbându-ţi convingerile, poţi adopta un alt tip de comportament. Este important să te integrezi într-un grup, să te bucuri de recunoaştere socială, dar poţi comanda şi o salată fără dressing, la care să adaugi tu câţiva stropi de lămâie şi trei pufuri de ulei de măsline, la o masă la care ceilalţi îşi toarnă maioneză din belşug peste mâncarea din farfurie. Întipăreşte-ţi bine în minte ideea că există variante care să împace şi nevoile tale emoţionale, şi setea de sănătate a organismului.

Trecerea de la „Eu nu pot!“ la „Eu pot!“ marchează înlocuirea vechilor credințe limitative cu credințele potențatoare. Cum ar fi dacă ai putea, dacă ai ști fără tăgadă că *se poate*? Dacă ai avea toată puterea de care ai nevoie pentru a te schimba, ce lucruri ai face diferit? Dacă un alt om a reușit să facă înaintea ta ceea ce îți dorești, înseamnă că este omenește posibil, deci „Nu pot să slăbesc“ nu are nicio bază reală, este doar o supoziție pe care o poți invalida.

Sunt persoane care riscă să își piardă locul de muncă dacă își schimbă aspectul fizic. Să ne imaginăm, de pildă, că un actor supraponderal a fost distribuit toată viața în roluri de comedie, așa îl știe lumea, așa și-a creat un renume. Dar vine un moment în care diabetul bate la ușă, iar slăbitul nu mai este o alternativă, ci devine o necesitate. Mulți oameni împărtășesc ideea că persoanele grăsuțe spun cele mai bune glume, au simțul umorului extrem de dezvoltat, sunt joviale și senine. Însă aceasta este o credință limitativă – actorul altădată supraponderal se poate reinventa, iar publicul îl poate plăcea în continuare pentru spiritul lui, obișnuindu-se cu noua apariție fizică.

Schimbarea comportamentului alimentar nu presupune coborârea mâncării de pe un piedestal și desconsiderarea ei. Așadar, respectă mâncarea! Bunica făcea o rugăciune înainte să ne apucăm de mâncat și schița o cruce în aer deasupra mesei. Mâncarea se situa la loc de cinste, iar ritualul mesei era considerat sfânt. Acesta este un exemplu de credință veche pe care o poți revigora cu încredere, căci este în perfect acord cu un stil de viață echilibrat.

CUM ÎȚI POȚI SCHIMBA PEISAJUL MENTAL

Robin S. Sharma este un scriitor, îndrumător spiritual, expert în motivație, leadership și dezvoltare personală care a stabilit câteva puncte de reper esențiale pe drumul către fericire, sănătate și împlinire. Le-am adaptat pentru a se plia mai bine pe tipul de schimbare de care suntem noi interesați. Bifându-le unul câte unul, îți vei putea schimba treptat peisajul mental, lucrând deopotrivă cu credințele și obiectivele tale:

- Controlează-ți gândurile cu privire la mâncare.
- Vizualizează-te așa cum vrei să arăți și să te comporți după ce vei slăbi.
- Schimbă-ți obiceiurile alimentare problematice, ieșind din zona de confort.
- Înfruntă eșecurile pe care ți le semnalează cântarul și calculează timpul în favoarea ta.

Louise Hay a fost o autoare celebră pentru cărțile sale de dezvoltare personală și pentru rezultatele excepționale obținute de cei care au ales să urmeze modelul ei motivațional. Ea spunea: „Convingerea că nu suntem suficient de buni și faptul că nu ne iubim suficient de mult reprezintă sursa tuturor problemelor noastre". Îndrăznesc să adaug și faptul că nu credem că merităm tot ce e mai bun. Te întrebi probabil cum este posibil ca imaginea de sine să fie atât de puternic legată de procesul de slăbit, sau poate că începi deja să înțelegi că relația cu mâncarea este una dintre cele mai deosebite pe care le avem.

ÎNCEARCĂ ȘI TU!

Ia o foaie de hârtie și fă o listă cu toate lucrurile care adulții din copilăria sau adolescența ta (părinți, rude, prieteni, vecini, profesori, alte figuri autoritare) ți-au spus că ar fi în neregulă cu tine, cu societatea, cu orice reprezenta un punct de reper pentru tine la acel moment. Acordă-ți 20-30 de minute în care să te gândești bine și să îți amintești cât mai multe detalii.

Ce credeau despre felul în care arătai?
Ce părere aveau despre menținerea sănătății și despre ritualurile de îngrijire?
Cum se raportau la mâncare?
Cum apreciau relațiile dintre oameni?

Ce credeau despre talentele și creativitatea ta?
Ce spuneau despre capacitatea ta de a reuși în viață?
Care erau aspectele vieții în care te descurajau, cu bune intenții dealtfel, eventual pentru a preveni un eșec?

Notează credințele negative care ți-au fost insuflate de-a lungul vieții. Nu te grăbi, scrie cu deplină sinceritate tot ceea ce îți amintești. Lasă lista deschisă, pentru că este foarte posibil ca în zilele următoare să iasă la suprafață și alte convingeri despre tine și despre viață pe care le credeai uitate. Te sfătuiesc apoi să privești obiectiv toate lucrurile pe care le-ai notat și să faci conexiuni cu situația ta din acest moment: „De aici vine această credință a mea". Acestea sunt crezurile care te fac să simți că nu ai capacitatea de a mânca organizat și conștient, de a-ți tempera poftele de seară, de a respecta un program de exerciții fizice, de a slăbi și de a te menține în formă. Scopul nu este să te judeci, nici să te necăjești, ci să reușești să duci la bun sfârșit acest exercițiu de autocunoaștere. De asemenea, este foarte important să conștientizezi emoțiile pe care le ai în timp ce scrii, căci emoțiile pot fi un bun barometru al intensității cu care ai internalizat aceste credințe.

În continuare, te invit să faci câteva exerciții extrem de puternice, inspirate de afirmațiile pozitive ale lui Louise Hay, pe care le-am făcut și eu de câte ori m-am aflat la una dintre răscrucile vieții. Te vor ajuta să te iubești și să te accepți așa cum ești, căci numai pe un teren încărcat de energie pozitivă poți planta semințele schimbării.

Eu nu cred că iubirea de sine înseamnă să ne acceptăm toate neajunsurile fără să încercăm să ne îmbunătățim; dimpotrivă, atunci când te iubești cu adevărat, îți dorești tot ceea ce este mai bun pentru tine. Și te asigur că mâncatul compulsiv, mâncatul emoțional, haosul care ne domină mesele zilnice nu fac parte din lucrurile pe care să ne dorim să le păstrăm prea mult timp în viețile noastre.

„Mă iubesc şi mă accept."

Aşază-te în faţa oglinzii şi iniţiază un dialog cu tine, privindu-te în ochi atunci când îţi faci declaraţiile pe care ţi le voi sugera în continuare. Rosteşte-ţi cu voce tare numele şi enunţurile de acceptare pe care le poţi modela în funcţie de caracteristicile tale.

(Nume), te iubesc și te accept exact așa cum ești!

Poate că nu te-ai gândit vreodată să îţi faci tu ţie asemenea declaraţii de dragoste, pe care, dealtfel, le aştepţi zi de zi din partea celor apropiaţi. Nevoia de iubire şi de acceptare necondiţionată se hrăneşte cu garanţia validării din partea celorlalţi. De la ei tânjim să primim încurajările, înţelegerea, susţinerea, aprobarea pe care ne clădim sentimentul de împlinire. Însă omitem un pas esenţial: pentru a obţine un „Da" absolut de la oamenii cu care interacţionăm, trebuie ca mai întâi să ne apreciem noi înşine.

Deci nu te opri aici cu declaraţiile de dragoste, ci încearcă să continui frazele, să le completezi cu cât mai multe motive pentru care meriţi să fii o persoană iubită şi acceptată exact aşa cum eşti!

(Nume), te iubesc pentru zâmbetul tău și pentru spiritul extraordinar și te accept exact așa cum ești, cu toate kilogramele tale și cu felul în care mănânci.

(Nume), te iubesc pentru umorul tău și pentru grija pe care le-o arăți celor dragi din jur și te accept exact așa cum ești, cu toate poftele și kilogramele în plus.

Oamenii care se simt confortabil în propria piele, indiferent de afişajul pe care li-l arată în fiecare zi cântarul şi de măsura hainelor pe care le poartă, le transmit celor din jur mesajul că sunt demni de iubire, atrăgând astfel acceptarea, iubirea şi admiraţia acestora.

Unii oameni refuză acest exercițiu fără să se gândească prea mult, înspăimântați de ideea că ar putea părea caraghioși. Dacă și tu ai vreo îndoială, încearcă să conștientizezi că poate noutatea acestei abordări îți creează senzația de inadecvare. De câte ori nu a trebuit să depășești un blocaj inițial pentru a putea duce la bun sfârșit lucrurile pe care le făceai pentru prima dată? Nu în ultimul rând, dialogul cu sine ni se prezintă astăzi ca o practică inedită deoarece a trecut de mult epoca lui „Stau și cuget", iar în locul ei s-a instaurat domnia lui „Sunt mereu pe fugă". Gândește-te că pentru tot timpul pe care îl petreci zilnic în fața diferitelor ecrane (telefon, tabletă, calculator, laptop, televizor), îți datorezi măcar un minut în care să te uiți cu atenție la ecranul tău interior.

Alți oameni cântăresc săptămâni sau chiar luni decizia de a începe să lucreze cu ei înșiși la un nivel atât de personal, pronunțând cuvinte cu o încărcătură emoțională atât de puternică. Dacă au presărat în fiecare zi firimituri de „Nu voi slăbi niciodată", „Nu am nicio scuză pentru felul în care arăt", „Nu știu de ce m-ar putea iubi cineva vreodată", drumul lor prin viață i-a adus în punctul în care pur și simplu nu reușesc să se privească în oglindă cu simpatie și înțelegere. După ce obiectul admirației s-a situat ani la rând exclusiv în afara propriei persoane, devine aproape imposibil să te privești în ochi și să deschizi o cale de comunicare sinceră și plină de afecțiune cu persoana care ești în acest moment.

După ce faci acest exercițiu, ar fi minunat să îl poți repeta de câte ori îți dictează ritmul interior. Analizează cum te simți acum. Se poate instala o stare de calm, urmată de sentimentul înălțător că poți muta și munții, sau, dimpotrivă, poți experimenta furie, neliniște, disconfort, după care să izbucnești în plâns. Poate te blochezi asupra trăsăturilor feței care îți displac profund sau poate chiar îți vine să spargi oglinda, numai să nu trebuiască să mai treci prin acest calvar. Dar perfecțiunea la care ne raportăm atunci când jucăm rolul celor mai duri judecători ai noștri nu este altceva decât o iluzie. În realitate, cu toții suntem imperfecți și asta e toată frumusețea vieții.

Și eu am suferit de boala perfecțiunii: voiam să fiu mereu cea mai bună. Pe de o parte, spiritul competitiv și perfecționist m-a ajutat să cresc, să învăț, să mă dezvolt, să vreau mai mult, să merg mai departe, să țintesc mai sus, însă toate astea au avut un preț pe care l-am plătit la un moment dat. Rezultatul la care am ajuns: acumulare de frustrare, oboseală și neîmplinire, o stare permanentă de nemulțumire și angoasă. Apoi am aflat că pot face un schimb extrem de avantajos, renunțând la nevoia absolută de perfecțiune în favoarea datoriei de a face tot ceea ce ține de mine pentru a fi bine cu mine și cu ceilalți în condițiile date. Fraza-cheie care a marcat rescrierea poveștii mele despre perfecțiune și care m-a ajutat să rămân competitivă și mereu în căutarea a ceea ce este mai bun, dar împăcată cu mine însămi și cu limitele firești, ba chiar și cu anumite eșecuri, a fost: „Renunț la nevoia de a fi perfectă. Aleg să fiu impecabilă în condițiile date". Din acel punct, am început să mă accept pentru tot ceea ce sunt, să mă văd cu bune și cu rele, nu selectiv, doar pentru calitățile mele, să mă bucur de realizările de tot felul și să perseverez acolo unde rămâne loc de mai bine.

„Mă iubesc și de aceea..."

Poate nu se așteaptă la asta, dar pacienților care vin la mine la cabinet le spun că de astăzi au o responsabilitate în plus: aceea de a avea grijă de ei. Tu ți-ai trimite copilul la școală fără apă, fără sandviș, fără un fruct, și i-ai da bani de buzunar încurajându-l să își ia doi litri de Cola, o pungă de chipsuri și o merdenea? L-ai aștepta zilnic acasă cu cartofi prăjiți, pizza și prăjituri? Dacă nu te-ai comporta așa cu copilul tău, de ce îți faci ție asta? De ce îi faci asta corpului tău?

Mă iubesc și de aceea voi face ceea ce ține de mine pentru a fi în formă.
Mă iubesc și de aceea voi face toate eforturile pentru a avea o stare bună de sănătate.
Mă iubesc și de aceea îi voi oferi corpului meu nutrienții de care are nevoie.
Mă iubesc și de aceea voi limita alimentele care știu că aduc numai deservicii corpului meu.

Mă iubesc și de aceea mă voi bucura de fiecare înghițitură de mâncare.
Mă iubesc și de aceea voi mânca în liniște, cu măsură.
Mă iubesc și de aceea îmi voi accepta emoțiile și le voi trata cu înțelegere, nu cu mâncare.

Acestea sunt doar câteva exemple de afirmații pe care te sfătuiesc să le notezi în agendă, dar ține cont că poți crea propriile tale declarații de intenție în ceea ce te privește. Așa cum se spune, doar cerul este limita. Îți poți promite tot ceea ce ți-ar plăcea să faci pentru tine dacă ai avea timpul și energia necesară pentru a-ți pune în aplicare planul de schimbare. Întoarce-te la această listă, adăugând în fiecare zi noi lucruri care ți-ar face bine. Care sunt șansele să continui să te cerți, să te judeci și să te denigrezi, câtă vreme îți construiești o rezervă solidă de încredere în tine, ba chiar schițezi și imaginea unui prezent și a unui viitor în care îți oferi ceea ce acum, în sfârșit, descoperi că ți se cuvine pe bună dreptate?

„Mă accept și de aceea..."

Completează în agendă cât mai multe consecințe pozitive ale faptului că îți accepți greutatea, starea de sănătate, forma fizică actuală. Acest exercițiu este menit să scoată la iveală acele adevăruri despre tine aflate în opoziție. Este foarte posibil să îți placă la nebunie să mănânci ciocolată, dar și să îți dorești din toată inima să ai o siluetă de invidiat. Aparent, nu poți face pace între cele două tabere opuse, însă orice conflict interior are o rezolvare. Primul pas este acela de acceptare, iar apoi, în mod firesc, vor apărea soluțiile care să te ajute să împaci tendințele divergente din interiorul tău.

Mă accept și de aceea cred că pot slăbi și fără să mă înfometez.
Mă accept și de aceea îmi dau voie să mănânc și ceea ce nu este permis la dietă, dar cu măsură.
Mă accept și de aceea îmi dau voie să slăbesc, păstrând plăcerea mâncatului.
Mă accept și de aceea recunosc faptul că mi este greu să mă abțin de la dulciuri.

Mă accept și de aceea îmi dau voie să mă abat uneori de la dietă, dar am grijă să nu exagerez și să revin apoi pe drumul meu.

Odată ce îţi accepţi pasiunea pentru ciocolată, care până acum ţi se părea că se bate cap în cap cu decizia de a slăbi, îţi va fi mai uşor să faci alegeri alimentare inteligente. Cunoscându-ţi şi acceptându-ţi pofta de dulciuri, vei găsi o modalitate de a le integra în meniul tău fără costuri calorice exagerate. Fie le consumi dimineaţa, pentru că în prima parte a zilei arderile metabolice sunt cele mai intense, fie cauţi reţete care să îţi permită să le pregăteşti într-un mod dietetic, deci în niciuna dintre variante nu îţi compromiţi planul de slăbire. Dacă îţi refuzi anumite plăceri, trecând sub tăcere părţi importante din ceea ce reprezinţi tu, poate reuşeşti să slăbeşti rapid, dar vine un moment în care cedezi poftelor şi îţi compromiţi total regimul. Afirmaţia „Mă accept şi de aceea îmi permit să mă bucur de toate cu măsură“ ar putea fi ghidul care să te călăuzească spre succesul accesibil, realist, posibil.

Nu este exclus ca în timpul acestui exerciţiu să prindă glas îndoiala şi neîncrederea: „Cum să mă accept, când cântăresc atât de mult?“, „Cum să mă accept când lumea se uită cu milă la mine?“, „Cum să mă accept când nu mă pot opri din mâncat?“. Astfel de gânduri sunt ancorele puternice ale trecutului, dar te poţi desprinde de ele cu blândeţe, tot printr-un exerciţiu asumat de acceptare: „Te las să te duci. Eu mă accept exact aşa cum sunt“.

„Eu merit.“

RĂSPUNDE SINCER!

Fă mai întâi un audit al propriilor convingeri, pentru a alege apoi să crezi cu tărie că tu meriţi ce este mai bun. Formulează într-o propoziţie scopul pe care vrei să-l atingi, de exemplu: „Scopul meu este să slăbesc“ sau „Scopul meu este să am o siluetă armonioasă“ ori „Scopul meu este să fiu în formă“.

Spune următoarele propoziții în legătură cu scopul tău și notează cât de mult crezi în ele: 1 = deloc, 2 = puțin, 3 = așa și-așa, 4 = mult, 5 = foarte mult.

Este de dorit și valoros ca eu să... (scopul tău).
Eu sunt în stare să... (scopul tău).
Îmi este clar și este potrivit ceea ce trebuie să fac pentru a... (scopul tău).
Eu merit să... (scopul tău).
(Scopul tău)... poate fi atins.

La ce categorie de afirmații ai obținut cel mai mic scor? Dar cel mai mare? Este suficient de important, de dorit și de valoros pentru tine să-ți atingi scopul? Te simți în stare să-l atingi? Îți este foarte clar ce anume trebuie să faci pas cu pas pentru a-ți atinge scopul? Crezi în adâncul sufletului tău că meriți să-ți atingi scopul? Crezi cu toată puterea că scopul tău poate fi atins? Dacă ai răspuns cu notă maximă la toate întrebările, atunci cu siguranță nimic nu te va opri din drum. Dacă la unele întrebări scorul este mai mic de 4, este nevoie să-ți canalizezi energia pentru a înțelege și a lucra pe acea verigă slabă a planului tău.

Întoarce-te acum la oglindă și rostește de câteva ori următoarele afirmații, concentrându-te puternic asupra semnificației lor:

Merit să am... (scopul tău).
Merit să fiu... (scopul tău).
Și acum accept.

„Vreau să mă schimb."

Tot în fața oglinzii pecetluiește și decizia ta de schimbare:

Vreau să mă schimb.
Vreau să slăbesc.
Vreau să am un stil de viață sănătos.
Vreau să fac mai multă mișcare.

Vreau să mănânc conștient, cu măsură.
Vreau să am o greutate potrivită mie.
Vreau să am o siluetă armonioasă.
Vreau să port haine cu două măsuri mai mici.
Vreau să mănânc ultima masă înainte de ora 8 seara.
Vreau să mănânc micul dejun în fiecare zi.

Nu este exclus ca unele dintre dorințele tale de schimbare să presupună anumite restricții sau renunțări, pe care psihicul le poate percepe în mod negativ pentru început, însă gândește-te că fac parte din drumul pe care trebuie să îl parcurgi pentru a ajunge acolo unde îți dorești. Acest lucru marchează ieșirea din zona de confort, acolo unde lucrurile stagnează, iar schimbarea nu este posibilă. Suntem într-o permanentă stare de negociere cu noi înșine, de aceea cântăresc greu alegerile pe care le facem în fiecare moment. Și fiecare etapă intermediară merită să fie trăită cu bucurie și relaxare, în condițiile în care se subsumează unui sens mai profund.

Pe de altă parte, este posibil să vrei să faci schimbarea de care ai nevoie, dar să nu poți acționa acum, să nu fie pur și simplu momentul potrivit pentru a începe să slăbești. Chiar înainte de concediu, în pragul sărbătorilor, înainte de un weekend la părinți sau cu o zi înainte de aniversarea ta sunt câteva exemple de astfel de momente nepotrivite. Însă asta nu este o scuză pentru a anula sau a tergiversa la nesfârșit planul de schimbare, ci o provocare de a găsi soluții acceptabile. De pildă, îți poți propune să te întorci din concediu sau să închei sărbătorile cu același număr de kilograme ca acum. Orice schimbare, cât de mică, este de preferat situației în care te lași mereu pe ultimul loc și amâni pe termen nedefinit îndeplinirea scopului tău.

„Mă eliberez!"

Așază-te confortabil pe canapea sau pe fotoliul tău preferat, într-o atmosferă caldă și liniștită, pornește reportofonul telefonului mobil, apoi rostește cuvintele de mai jos ca și cum ai ghida pe altcineva în acest proces. Ascultă înregistrarea după aceea, de câte ori ai ocazia – dimineața la trezire, când ești în trafic, într-o pauză de lucru, când te plimbi prin parc, înainte să adormi – și lasă-ți propria voce să te convingă de veridicitatea acestor afirmații. Îți promit că va fi magic.

Mă eliberez de frustrarea pe care mi-o creează greutatea mea actuală.
Mă eliberez de senzația că nu merit dragoste și apreciere.
Mă eliberez de convingerea că nu pot avea un corp frumos și sănătos.
Mă eliberez de tendința de a mânca necontrolat.
Mă eliberez de tendința de a mânca în momentele de tristețe.
Mă eliberez de tendința de a mânca pe fondul stresului.
Mă eliberez de tendința de a mă supraalimenta în momentele de fericire.
Mă eliberez de poftele care mă asaltează.
Mă eliberez de gândul permanent la mâncare.
Mă eliberez de reproșurile pe care mi le-am făcut sau le-am primit cu privire la felul în care arăt.
Mă eliberez de toată frica, frustrarea și vinovăția.
Las să se ducă toate vechile credințe.
Fac pace cu mine și cu emoțiile mele.
Mă simt în siguranță.

Continuă zilnic acest exercițiu sau ascultă înregistrarea, pentru a elimina pas cu pas amintirile dureroase, atașamentul față de stările din trecut și senzația de neputință care te-a însoțit în multe momente ale vieții tale. Pentru fiecare obicei pe care ni l-am format, există o soluție de desprindere și vindecare.

De câte ori nu am spus „Nu voi mai face niciodată asta!", pentru ca a doua zi să mâncăm nu una, ci două sau trei prăjituri, după care am căzut pradă vinovăției și am permis vocii noastre interioare să ne adreseze cuvinte mai dure decât cele pe care sunt capabili ceilalți să ni le adreseze: „N-ai pic de voință!", „Tu nu vei reuși nimic niciodată!". De fapt, comportamentul de care încercăm să ne debarasăm este efectul exterior al unei cauze profunde.

Întreabă-te și tu care este nevoia interioară care a generat un anumit obicei alimentar problematic, apoi lasă-l să te părăsească sau să se manifeste într-un mod potrivit. Construiește-ți afirmații după modelul celor de mai jos, introducând în frază propriile tale realități, nevoi și comportamente.

Mă eliberez de obiceiul de a mânca pentru a mă simți bine cu mine. Îmi împlinesc această nevoie făcând o plimbare, pictând, ascultând muzică, uitându-mă la un film, citind un roman.

Mă eliberez de obiceiul de a mânca pentru a face tristețea suportabilă. Îmi împlinesc această nevoie vorbind cu un prieten, făcând un sport, angajându-mă în activități plăcute și solicitante pentru mine.

Fii acum ceea ce-ți dorești!

Imaginează-ți că am o baghetă magică și aș putea face o minune, transformându-te în cea mai frumoasă versiune a ta într-o clipită. Vizualizează că ai atins greutatea dorită, cântarul îți arată în sfârșit kilogramele la care visezi dintotdeauna. Compune rând pe rând toate detaliile acestui nou univers: cum te vezi în oglindă, ce haine porți, ce auzi în jurul tău, cum te simți. Observă reacțiile pe care le au ceilalți când se întâlnesc cu noua ta versiune – membrii familiei, prietenii, colegii, necunoscuții de pe stradă și din mijloacele de transport.

> ” *Mintea ta este o unealtă și poți alege* “
> *să o folosești în ce mod vrei tu.*
>
> Louise Hay

Cum ai avea atunci grijă de tine? Cum te-ai îngriji, ce ai mânca? Cum ți-ai organiza mesele? Acceptă noua realitate și bucură-te de ea, poartă-te ca și cum ar fi deja vizibilă pentru toată lumea. Ai grijă de tine, fii bine cu tine!

VALORILE CARE TE CĂLĂUZESC ÎN VIAȚĂ

Speranțele, visurile, năzuințele tale, alături de virtuțile, valorile și calitățile pe care le admiri cel mai mult la tine și la ceilalți conturează idealul tău uman. Practic, acestea sunt caracteristicile persoanei care ți-ar plăcea să devii atunci când vei ajunge la cea mai bună variantă a ta. Este esențial să îți identifici și să îți șlefuiești credințele personale, dar la fel de important este și să îți cunoști valorile, pentru că numai astfel vei ști către ce tinzi și pe ce atuuri te poți baza în procesul de schimbare.

Și nu, nu mă refer aici nici la valori monetare, nici la lingouri de aur, bijuterii, proprietăți sau mașini, ci la valorile umane și principiile de viață. Ele îți arată cine ești tu în viața ta, chiar în acest moment, și funcționează ca o busolă care te îndrumă către autenticitate în acțiuni și reacții. Ce este cel mai important pentru tine în viața personală și în carieră? Care sunt lucrurile pentru care ai munci gratis? Ce ai continua să faci chiar dacă cineva te-ar plăti să *nu* faci acel lucru?

Deoarece nu se văd cu ochiul liber, va trebui să faci un efort pentru a-ți identifica valorile. Pentru a le descoperi, va trebui să dai la o parte, cu multă răbdare, straturile care formează iureșul cotidian ce te acoperă și vei ajunge în miezul ființei tale. O persoană care nu conștientizează valorile de care se simte atașată este asemenea unei bărci care plutește în derivă, având direcția stabilită în funcție de forța valurilor, bătaia vânturilor sau alți factori externi. Sunt de acord că, printr-un concurs favorabil de împrejurări, poți ajunge la o plajă minunată, dar, la fel de bine, hazardul te poate conduce și către cele mai periculoase stânci. Tu ai sacrifica integritatea vasului tău doar pentru că nu ai făcut un inventar serios al aparaturii de la bord?

„*În spatele fiecărei vieți nobile stau principiile care au modelat-o.*"

George Lorimer

La polul opus, un om aflat în comuniune cu valorile sale poate fi comparat cu un submarin care are capacitatea să vadă ce se întâmplă atât la suprafață, cât și în apă și în aer, cu ajutorul periscopului, sonarului și radarului. Când îți onorezi constant valorile, viața capătă o semnificație mai profundă, iar tu te poți bucura de senzația unică pe care ți-o oferă sentimentul de împlinire.

Așadar, valorile sunt principiile pe care le socotești absolut normale, firești, pe care aproape că nu le mai pui în discuție, considerând că sunt subînțelese, așa trebuie să fie. Conștient sau nu, iei deciziile de viață în funcție de aceste valori. De exemplu, printre valorile principale ale unui artist se numără creativitatea, libertatea de exprimare și originalitatea. Pentru un inginer vor prima, însă, precizia, logica și coerența. Având la dispoziție aceste instrumente, o persoană care își cunoaște foarte clar valorile va ști cum să navigheze cu iscusință printre obstacolele vieții, astfel încât să ajungă la destinația dorită. Atunci când îți știi valorile, este mult mai ușor pentru tine să îți dai seama dacă te afli pe un drum care te va conduce la ceea ce îți dorești tu sau ceea ce își doresc alții. Și, dacă descoperi că drumul pe care te afli nu este congruent cu valorile tale, poți oricând să schimbi direcția, deoarece busola ta internă îți va spune încotro trebuie să te îndrepți.

„*Primul principiu: să nu te dai bătut în fața oamenilor sau a întâmplărilor.*"

Marie Curie

RĂSPUNDE SINCER!

În completarea exercițiilor pe care ți le-am propus la Capitolul 2, unde am introdus tema valorilor personale pe scala nivelurilor vizate de procesul schimbării, îți propun să aprofundezi metoda autocunoaşterii. Identificarea valorilor se produce în timp, treptat, ca să poţi ajunge la nucleul lucrurilor cu adevărat importante pentru tine. Căci, aşa cum ţi-am mai spus, nimic nu se compară cu sentimentul că îţi trăieşti viaţa respectându-ţi valorile şi onorând esenţa a ceea ce eşti în adâncul fiinţei tale.

Aminteşte-ţi o anumită situaţie în care te-ai simţit foarte inconfortabil.

Ce s-a întâmplat în acel context?

Cine a mai fost prezent?

Ce emoţii ai simţit în acele momente?

Care este opusul emoțiilor negative pe care le-ai experimentat atunci?

___

___

___

Acestea reprezintă valorile tale personale pe care nu le-ai onorat în situația la care te-ai gândit. Pasul următor este să decizi ce alegi să faci de acum înainte, astfel încât să elimini obstacolele care apar în calea valorilor personale și să crești gradul în care le onorezi. Completează mai jos două acțiuni pentru fiecare valoare și setea-ză-ți termene de acțiune nu mai mari de 30 de zile.

Valoarea 1: ___

Acțiuni pentru onorarea valorii:

1. ___
2. ___

De când îți propui să faci aceste lucruri?

___

Valoarea 2: ___

Acțiuni pentru onorarea valorii:

1. ___
2. ___

De când îți propui să faci aceste lucruri?

___

Valoarea 3: ____________________

Acţiuni pentru onorarea valorii:

1. ____________________

2. ____________________

De când îţi propui să faci aceste lucruri?

____

Valoarea 4: ____________________

Acţiuni pentru onorarea valorii:

1. ____________________

2. ____________________

De când îţi propui să faci aceste lucruri?

____

Valoarea 5: ____________________

Acţiuni pentru onorarea valorii:

1. ____________________

2. ____________________

De când îţi propui să faci aceste lucruri?

____

În continuare, aminteşte-ţi un moment de vârf din viaţa ta, în care te-ai simţit extraordinar şi care ţi-ar plăcea să se repete.

Ce s-a întâmplat în acel context?

Cine a mai fost de față?

Ce emoții ai simțit în acele momente?

Acestea reprezintă valorile tale personale care au fost confirmate de situația la care te-ai gândit. O întrebare suplimentară: Ce altceva în afară de elementele esențiale de supraviețuire (mâncare, adăpost, o comunitate etc.) ai nevoie să existe în viața ta, astfel încât să te bucuri de sentimentul de împlinire?

Revizuieşte periodic lista valorilor personale şi rămâi în gardă, pentru că momentele în care simţi că te domină furia sau frustrarea şi îţi pierzi motivaţia sunt exact cele în care te-ai deconectat de valorile tale sau când altă persoană le-a nesocotit.

„*Păstrează credinţa şi sinceritatea ca principii primordiale.*"

Confucius

Este important să-ţi cunoşti valorile personale, deoarece oamenii care reuşesc să îşi atingă obiectivele de schimbare, să slăbească şi să se menţină, adoptând un stil de viaţă sănătos şi echilibrat, acţionează în perfectă armonie cu nivelurile profunde ale personalităţii lor. Vei înţelege exact la ceea ce mă refer după ce vei parcurge următoarele rânduri despre cum reuşesc eu însămi să îmi controlez alimentaţia şi să îmi menţin silueta. Respectul, echilibrul şi libertatea sunt trei dintre valorile mele cheie.

Din respect pentru pacienţii mei şi pentru mine însămi, nu îmi permit să mă îngraş, de aceea sunt atentă mereu la ce mănânc şi ce aleg să îmi pun în farfurie. Pe de altă parte, valoarea libertate îmi cere să-mi fac şi poftele din când în când, căci nu aş putea să trăiesc doar din restricţii sau interdicţii, mi-aş încălca o parte importantă a personalităţii dacă m-aş îngrădi permanent. Iar apoi probabil că aş devora tot ceea ce mi-ar pica în mână, aşa cum s-a întâmplat în trecut, în episoadele mele de mâncat compulsiv. Atunci când tind să exagerez cu mâncarea, apelez la valorile echilibru şi armonie, care mă ajută să mă limitez la o cantitate moderată de alimente.

Alege şi tu să treci prin procesul de slăbit păstrând conexiunea cu valorile tale, căci acest exerciţiu te va determina să priveşti imaginea de ansamblu, îţi va alimenta motivaţia şi nu va mai permite să te simţi vreodată precum Sisif, captiv într-o probă chinuitoare, aşa cum ţi s-a întâmplat când ai trecut prin dietele anterioare.

Fiecare dintre noi are un set de valori valabil în toate domeniile vieții – familie, carieră, sănătate, hobby-uri –, dar există posibilitatea ca ele să cântărească diferit în contexte diferite. Cu toții îndeplinim multiple roluri în aceste contexte – copil, partener de viață, prieten, nepot, părinte, angajat, patron, pasionat de un hobby.

De exemplu, dacă în carieră ordinea este Creativitate – Perseverență – Contribuție, în contextul familiei prioritățile se pot schimba astfel: Contribuție – Perseverență – Creativitate. Ceea ce contează cu adevărat este că, în ambele cazuri, valorile noastre esențiale își fac simțită prezența.

RĂSPUNDE SINCER!

Concentrează-te asupra schimbării pe care vrei să o faci în viața ta și evaluează modul în care îți pui în valoare principiile în această ipostază.

Cum anume îmi voi onora valoarea 1 ____________________

____________________ în procesul de slăbit?

Cum anume îmi voi onora valoarea 2 ____________________

____________________ în procesul de slăbit?

Cum anume îmi voi onora valoarea 3 ____________________

____________________ în procesul de slăbit?

Cum anume îmi voi onora valoarea 4 ____________________

____________________ în procesul de slăbit?

Cum anume îmi voi onora valoarea 5 ____________________

____________________ în procesul de slăbit?

Capitolul 5

PLANIFICĂ-ȚI SUCCESUL!

Dacă nu este susținut de un plan bine pus la punct,
orice obiectiv rămâne o simplă dorință.

MODELUL MO-BI-LI-ZARE

În cazul în care te întrebi, nu, nu am intenționat să despart în silabe cuvântul „mobilizare" în titlul acestui subcapitol, și nici nu m-am grăbit către final, lăsând ultimele două silabe unite. În schimb, mi-am propus să împart în câțiva pași esențiali, construiți pe baza unor noțiuni-cheie, procesul de schimbare pe care dorești să îl parcurgi. Pentru că da, dacă ai ajuns până în acest punct al lecturii, eu am certitudinea că ai bifat toate nivelurile de înțelegere a ceea ce presupune cu adevărat schimbarea, încărcându-te cu energia și determinarea specifice omului care se simte capabil să mute și munții din loc – ce metaforă potrivită pentru comportamentele alimentare problematice, adânc înrădăcinate! – pentru a-și îndeplini visurile. Și, îndrăznesc să adaug, am și certitudinea că vei reuși să scapi de povara kilogramelor în plus, să îmbrățișezi un regim sănătos sau orice altceva ți-ai propus în domeniul nutriției și al stilului de viață sănătos.

„*Devenim ceea ce credem că vom deveni.*"

Jeff Keller

Înainte de a trece la acțiune, doresc să accentuez încă o dată importanța planificării riguroase și a organizării pentru reușita proiectului tău de viață. Planificarea nu este altceva decât șansa de a aduce viitorul în prezent, ca să îl modelezi după chipul și asemănarea așteptărilor tale, ca să te asiguri că va arăta așa cum îți imaginezi acum. Am creat modelul MO-BI-LI-ZARE special ca să te ghideze în această etapă de pregătire. Dar să nu mai prelungim suspansul! Îți voi dezvălui în continuare semnificația modelului de dezvoltare personală în care am încriptat codul de acces către tot ceea ce îți dorești.

Motivația (MO) reprezintă atât impulsul necesar unui început în forță, cât și ancora care te va ține în legătură strânsă cu scopurile tale pe tot parcursul procesului de schimbare. Capacitatea de a trăi prezentul cu conştiinţa trecutului, a paşilor parcurşi până acum, marcaţi de provocări, succese şi eşecuri inerente oricărui proiect complex, te va ajuta să dobândeşti claritatea necesară la momentul Bilanţului (BI). Limitele (LI) te învaţă să îţi accepţi propriile slăbiciuni, chiar neajunsuri – căci este recomandat să te detaşezi de himera perfecţiunii –, pentru a-ţi putea valorifica abilităţile. Privirea în perspectivă (ZARE) îţi deschide uşa viitorului posibil şi te menţine în conexiune directă cu obiectivele pe care ţi le-ai stabilit.

MO (motivaţie) **BI** (bilanţ) **LI** (limite) **ZARE** (obiective)

RĂSPUNDE SINCER!

Ţi-am pregătit un set de afirmaţii simple, dar cuprinzătoare, care să te ghideze în elaborarea planului tău personalizat, şi te invit să le completezi chiar acum.

Îmi propun să fac următoarea schimbare:

____

Cel mai important motiv pentru care vreau să fac această schimbare este:

____

Principalele mele metode în realizarea acestei schimbări sunt:

1. ____________________________

2. ____

3. ____

Plănuiesc să fac o schimbare pentru a-mi atinge următoarele scopuri:

1. ____

2. ____

3. ____

Persoanele care ar putea să mă ajute să fac schimbarea şi modalităţile prin care mă pot sprijini sunt:

1. ____

2. ____

3. ____

Posibilele obstacole în procesul de schimbare şi modalităţile prin care aş putea să le depăşesc sunt:

1. ____

2. ____

3. ____

Voi şti că planul meu funcţionează atunci când:

____

După ce ai făcut prima parte a exercițiului, îți propun să îți imaginezi procesul schimbării ca pe o călătorie în care fiecare pas se împletește în mod logic și necesar cu cel pe care l-a lăsat în urmă și cu cel care îi urmează. Folosește răspunsurile anterioare pentru a schița, cât mai aproape de realitate, planul tău de călătorie.

Prima etapă: Pregătirea

Aleg să ______________________________

____

Pentru că ______________________________

____

A doua etapă: Bagajul trecutului

Lecția pe care am învățat-o din încercările trecute este ______________

____

Acum voi face diferit ______________________________

____

Până acum nu am făcut schimbarea deoarece ______________

____

A treia etapă: Resursele prezentului

Pentru a-mi îndeplini scopul, am nevoie de ______________

____

Primii pași pe care îi voi face sunt ______________

____

Acum voi reuși cu ajutorul ____________________

____

Ceea ce mă va motiva atunci când îmi va fi cel mai greu ____________________

____

A patra etapă: Magia recunoștinței

Simt recunoștință pentru ____________________

____

MOTIVAȚIA, CEL MAI PUTERNIC MOTOR AL SCHIMBĂRII

La debutul unui program de scădere în greutate, parcă nimeni și nimic nu te poate destabiliza. Te nemulțumește faptul că ai un surplus de kilograme și declari sus și tare că îți dorești, mai mult decât orice pe lume, să slăbești. Acesta să fie adevărul? Nu de puține ori, preluăm dorințele altor oameni – medicul, partenerul de viață, membrii familiei, prietenii, colegii – și le internalizăm până ajungem să credem că ne aparțin. Dar nu este suficient să fi primit indicația medicală de a slăbi sau să fi ascultat îngrijorările și sfaturile celor dragi pentru ca acest deziderat să prindă rădăcini adânci. Nici acel „trebuie" pe care ni-l transmite societatea, prin intermediul privirilor dezaprobatoare, al prelegerilor de la televizor sau al titlurilor șocante din ziare, reviste sau din mediul online nu este suficient pentru a activa în noi motorul schimbării.

Ca o consecință a presiunilor externe fals interpretate drept decizii personale, izbucnesc conflictele interioare. Așa ajungi să dezvolți o atitudine ambivalentă față de ideea de pierdere în greutate. Nu pun la îndoială faptul că vrei cu adevărat să slăbești, dar te ajut să scoți la suprafață toate resorturile pe care se sprijină acest deziderat. Există posibilitatea ca, în sinea ta, să nu crezi că ți-ar face bine să renunți la comportamentele alimentare actuale sau, pur și simplu, să nu îți dorești să pășești pe nisipuri mișcătoare, căci... ce sintagmă ar putea descrie mai bine neprevăzutul din afara zonei de confort?!

Frustrarea, plictisul sau lipsa de încredere și senzația de descurajare sunt stări normale, pe care le experimentăm cu toții. În contextul în care se impune necesitatea unei schimbări, acestea se acutizează. Știi ce le hrănește constant? Lipsa de motivație. Ghicești ce ar putea să le diminueze considerabil? Identificarea unei motivații puternice și cât se poate de autentice. Pentru a avea rezultate durabile și a putea face față provocărilor pe care le-am enumerat pe măsură ce am parcurs stadiile schimbării, ai nevoie să pornești la drum cu rezervorul de motivație plin.

> „*Până când misiunea ta nu va deveni o obsesie,*
> *nimic nu se va schimba în viața ta.*"
>
> Robin Sharma

Majoritatea pacienților mei, ca să nu spun toți, consideră că ceea ce le lipsește pentru a reuși să slăbească în sfârșit este o dietă bine pusă la punct. Dar pierd din vedere poate cel mai important aspect al scăderii în greutate: motivația. Cu alte cuvinte, poți să urmezi cea mai eficientă, sigură și flexibilă dietă din lume, dar, dacă lipsește motivația autentică și personală care să-ți alimenteze eforturile, este ca și cum te-ai pregăti să conduci o mașină de Formula 1 fără niciun strop de benzină în rezervor.

Mai este o comparație care mi se pare foarte sugestivă. O persoană care își dorește să slăbească poate fi asemănată cu un alpinist care plănuiește să escaladeze un munte. Unii vor porni în expediție într-o zi însorită și frumoasă, iar alții vor începe escaladarea pe ploaie puternică sau chiar furtună. Care dintre ei crezi că va avea călătoria cea mai uşoară? Majoritatea alpiniştilor experimentaţi ştiu ce relevanţă mare au condiţiile meteorologice, de aceea aşteaptă momentul propice pentru a-şi pune planul în aplicare. Deşi ar fi raţional să aştepte momentul potrivit pentru a slăbi, majoritatea oamenilor se aruncă în programe de scădere în greutate fără să evalueze şansele reale de succes ale acestora. Consideră că entuziasmul specific oricărui început reprezintă o motivaţie suficientă. Din păcate, acest tip de motivaţie are o durată variabilă, de la câteva săptămâni la câteva luni, în funcţie de fiecare persoană în parte. Defineşte-ţi gradul de implicare încă de la debutul programului de slăbit. Îţi doreşti să îţi schimbi cu adevărat stilul de viaţă sau nu ştii cum să scapi mai uşor de excesul de grăsime de pe abdomen, drept pentru care te mulţumeşti cu un program rapid?

RĂSPUNDE SINCER!

Răspunde la întrebările de mai jos pentru a identifica ancorele motivaţionale pe care te poţi baza pe parcursul procesului de schimbare.

Ce te determină să te informezi cu privire la modalităţile de scădere în greutate?

____

____

Ce s-a schimbat în obiceiurile tale alimentare de-a lungul anilor?

____

____

Ce aspecte te preocupă în legătură cu felul tău de a mânca?

____

____

Cum te afectează comportamentul tău alimentar actual?

Ce te-a determinat să iei decizia de a slăbi/a-ți schimba stilul de viață?

În ce măsură ți-a fost influențată decizia de problemele medicale?

În ce măsură te-au afectat dezamăgirile emoționale, discriminarea sau bullying-ul?

Care este motivația pe termen scurt care te determină să slăbești?

Care este motivația pe care o ai în vedere pe termen lung?

Cum se diferențiază motivația din prezent de motivațiile cu care ai pornit la drum în curele de slăbire precedente?

Trucuri pentru alimentarea motivației

Nici această carte, nici medicul nutriționist la care mergi, nici persoanele apropiate sau vocile sonore din societate nu-ți pot furniza o motivație reală și durabilă în locul tău. Tu ești singura persoană capabilă să descopere și să exprime motivația pe care să te bazezi pentru a scădea în greutate. De fapt, vorbim despre un întreg complex de sentimente, convingeri și proiecții care gravitează în jurul acestui concept. Ca și schimbarea, motivația este un organism viu, care se dezvoltă și își modifică forma, pe măsură ce parcurgi treptat toate etapele către cea mai bună versiune a ta.

> ”*Este imposibil să trăiești fără să eșuezi la ceva, poate numai dacă trăiești atât de prudent, încât mai bine n-ai fi trăit deloc, caz în care ai eșuat din start.*“
>
> J.K. Rowling

Descoperă DE CE-ul care te determină să te schimbi. Când ai un „de ce“ suficient de puternic, vei găsi cu siguranță și „cum“ să ajungi acolo.

RĂSPUNDE SINCER!

De ce vrei să slăbești și să-ți schimbi stilul de viață? Enumeră minim trei motive, cele mai importante.

1. ____________________

2. ____________________

3. ____________________

De ce este important pentru tine acum, în acest moment al vieții tale, să slăbești și să îți schimbi obiceiurile alimentare? Enumeră trei motive, cele mai relevante.

1. ________________________________

2. ________________________________

3. ________________________________

Gândindu-te la schimbarea pe care dorești să o faci, răspunde cu o notă de la 1 (minimul) la 10 (maximul), la fiecare dintre următoarele întrebări:

Cât de mult îți dorești să slăbești în general? ☐☐

Cât de mult îți dorești să slăbești pentru tine? ☐☐

Cât de mult îți dorești să slăbești pentru cei din jur? ☐☐

Câtă încredere ai că poți să îți atingi obiectivele de slăbit? ☐☐

Cât de mult crezi că depinde de tine să ajungi acolo unde ți-ai propus? ☐☐

Cât de necesar este pentru tine să slăbești și să îți schimbi stilul de viață? ☐☐

Creează-ți afirmații automotivatorii. Ideile expuse în continuare te pot ghida în formularea unei serii de afirmații automotivatorii, care îți vor fi de real ajutor pe parcursul procesului de schimbare. Răspunsurile succinte la aceste întrebări pot constitui astfel de afirmații utile, personalizate pentru cazul tău.

Recunoașterea problemei

Ex.: „Cred că am o problemă cu mâncatul emoțional."

Ce te face să crezi că ai o problemă?

___

Ce dificultăți ai întâmpinat în încercarea de a ține o dietă?

___

În ce fel crezi că tu și cei apropiați ție sunteți afectați de modul în care mănânci?

___

Exprimarea preocupării

Ex.: „Mă îngrijorează starea mea de sănătate, având în vedere excesul de kilograme cu care mă confrunt."

În ce măsură te preocupă ceea ce mănânci?

___

Ce crezi că se va întâmpla dacă nu schimbi ceva?

___

Intenția de schimbare

Ex.: „Cred că a venit momentul să fac ceva în ceea ce privește greutatea mea."

De ce consideri că a venit momentul să treci la acțiune?

___

Care sunt avantajele unei schimbări?

Optimismul

Ex.: „Cred că pot să depăşesc problema mâncatului emoţional."

Ce te face să crezi că dacă decizi să îţi schimbi comportamentul alimentar vei reuşi să îţi duci planul la bun sfârşit?

Ce crezi că va funcţiona în avantajul tău dacă iei decizia de a-ţi schimba relaţia cu mâncarea?

Construieşte-ţi o frază-cheie. „Obiectivul meu este să slăbesc zece kilograme în două luni, adică aproximativ un kilogram pe săptămână" sună cât se poate de logic şi rezonabil, în sensul că această viteză ponderată a scăderii în greutate îţi poate oferi garanţia că te vei putea menţine pe termen lung. În a doua parte a acestui capitol, vei descoperi că aceasta este chiar o formulă recomandată pentru stabilirea obiectivelor. Dar poţi scoate mai mult de aici, transformând această frază obiectivă într-o afirmaţie cu valenţe motivaţionale puternice. Introdu în formularea ta termeni cu rezonanţă emoţională, pentru un efect stimulant: „Slăbind un kilogram pe săptămână voi evita acea foame de lup care apare inevitabil pe parcursul dietelor drastice. Iar dacă nu mă voi confrunta cu foamea de lup, nu voi simţi tentaţia să mă abat de la dietă, deci voi preveni şi sentimentele de vinovăţie şi dezamăgire pe care le-am experimentat în trecut".

Întoarce-te în viitor. De fiecare dată când simţi tentaţia de a abandona planul de slăbit, revino la proiecţia imaginii tale din viitor, după ce vei fi făcut paşi importanţi pentru schimbarea stilului de viață. Închipuiește-ți cum că te vei simți odată ce vei putea citi noua greutate pe afișajul cântarului sau o mărime mult mai mică pe etichetele hainelor. Nu cenzura entuziasmul cu care proiectezi acest viitor sănătos și fericit, căci va fi o rezervă minunată pentru zilele în care vei simți că se estompează motivația. De exemplu, îți mai poți imagina ce haine noi îți vei cumpăra și unde le vei purta, te vei putea juca mult mai ușor cu copiii, se va diminua mult lista medicamentelor pentru tensiune, gastrită, diabet sau oricare dintre afecțiunile legate de problemele de greutate cu care te confrunți acum, poți gândi la faptul că vei încăpea mai repede în rochia ta preferată.

„*Dacă accepți numai ceea ce este bun, până la urmă chiar asta primești.*"

William Somerset Maugham

Păstrează o relație frumoasă cu tine. Tu ești, de departe, cel mai dur critic al tău, dar, pentru a putea duce la capăt cu succes planurile de îmbunătățire a stării de sănătate și a imaginii corporale va trebui să găsești o modalitate de a te transforma în cel mai mare susținător al tău. O voce care să recite în interiorul tău un repertoriu format din directive, amenințări, atenționări, critici sau învinuiri nu va reuși altceva decât să demonteze una câte una toate ancorele motivaționale pe care te-ai străduit să le construiești. Așadar, folosește-ți vocea interioară pentru încurajări constante și permite-ți să constați cu mândrie progresele pe care le-ai făcut în fiecare etapă.

BILANȚUL, UN MOMENT DE SINCERITATE

După cum am ținut să subliniez și anterior, în decursul anilor de activitate în cabinet, am observat că oamenii au tendința de a-și supraestima neajunsurile și de a-și subestima calitățile. De aceea, inventarul onest și detaliat al resurselor cu care pornești la drum ocupă un loc prioritar pe lista lucrurilor pe care trebuie să le faci atunci când îți propui să-ți schimbi stilul de viață.

De asemenea, este foarte important să îți notezi și să îți măsori constant rezultatele. În funcție de constatările pe care le faci, se impun ajustări în ceea ce privește dieta propriu-zisă, dar și obiectivele stabilite inițial. De fiecare dată când reușești să atingi un prag superior, când treci într-o etapă diferită a noii tale vieți, marchează acest moment. Bucură-te și premiază-te pentru victoriile tale!

RĂSPUNDE SINCER!

Gândindu-te la schimbarea pe care dorești să o faci, răspunde cât mai complet la următoarele întrebări:

De câte ori ai mai încercat până acum să slăbești?

____

De câte ori ai reușit să ajungi la numărul de kilograme vizat?

____

Ce a funcționat în încercările anterioare și vrei să aplici și acum?

____

____

____

Ce nu a funcționat și nu vrei să repeți?

____

____

____

Ce vei face diferit de această dată pentru a te asigura că vei reuși să slăbești și să te menții?

____

____

Care sunt cele mai importante elemente de care ai avea nevoie pentru a reuși?

1. ______________________________________

2. ______________________________________

3. ______________________________________

Cine te susține în procesul de schimbare a stilului de viață?

____

Cine te poate ajuta să ai grijă la ce și cum mănânci?

____

Cine nu este de acord să urmezi un program de slăbit?

____

Cine te poate sabota în schimbarea pentru care te pregătești?

____

LIMITELE SAU PROVOCAREA AUTODEPĂȘIRII

Limitele există pentru a fi depășite.

Nu contează de câte ori cazi, contează de câte ori te ridici.

Nu există eşec, există doar lecţii.

Când ceva nu merge, schimbă direcţia de mers, niciodată ţinta.

Dacă viaţa îţi dă lămâi, învaţă să faci limonadă.

Cu siguranţă, recunoşti în afirmaţiile de mai sus esenţa multor programe de dezvoltare personală. Mai mult decât o filosofie care iese în evidenţă printr-o formă convingătoare, ideea de a-ţi cunoaşte limitele, pentru ca apoi să le poţi depăşi cu succes, este un mod de viaţă. Profită de informaţiile pe care le ai la dispoziţie şi antrenează-te zilnic pentru a desfiinţa definitiv dominaţia lui „Nu pot.". Nu există „Nu pot.", există doar „Deocamdată nu ştiu cum.", „Nu m-am gândit suficient la soluţii.". Însă trebuie să acceptăm că pentru anumite perioade poate exista „Nu vreau.", dar o motivaţie puternică poate detrona cu uşurinţă această convingere.

„Dacă tu crezi că nu poţi, ai dreptate. Dacă tu crezi că poţi, din nou, ai dreptate."

Henry Ford

Când te dedici pe termen lung unui scop, concentrându-te asupra destinaţiei la care vrei să ajungi, obstacolele îşi pierd capacitatea de a te destabiliza sau descuraja şi se transformă în simple etape pe care trebuie să le parcurgi. Clarifică-ţi, aşadar, care sunt etapele intermediare prin care este posibil să treci. Caută sprijin şi cere fără rezerve ajutorul atunci când îţi este greu.

M-aş bucura nespus de mult să ştiu că te întorci la pasajele tale preferate din această carte de fiecare dată când te macină nesiguranţa şi teama de eşec. Fără îndoială, nu este nicio problemă dacă vei coti în altă direcţie pentru a evita sau depăşi obstacolele apărute în cale, însă nu renunţa niciodată la decizia de a ajunge la destinaţia visată.

RĂSPUNDE SINCER!

Gândindu-te la schimbarea pe care planifici să o implementezi, completează frazele de mai jos cu răspunsurile tale.

Ca să pot face schimbarea pe care mi-o doresc:

Am nevoie să întreb ______________________________

Am nevoie să aflu ______________________________

Aleg să testez ______________________________

Aleg să încep ______________________________

Aleg să fac ______________________________

Presupun că ai auzit de multe ori vorbindu-se despre „zona de confort". De fapt, la ce face referire această sintagmă? Zona de confort desemnează acea arie a vieții tale în care te simți ca acasă, pentru că toate convingerile și așteptările tale, așa cum le știi dintotdeauna, sunt la locul lor. Aici ai tendința de a te retrage de fiecare dată când îți atingi limitele, acesta este terenul pe care se comportă ca un stăpân atotputernic instinctul de conservare. Convingerea „Nu pot." menționată mai sus te ține în captivitate în zona de confort.

> „*Succesul nu este final, eșecul nu este fatal: curajul de a continua este ceea ce contează.*"
>
> Winston Churchill

Dacă obișnuiești să mănânci dezordonat, pentru tine confortul echivalează cu libertatea de a-ți permite să ciugulești ce și când vrei, fără să ții cont de mesele principale, de regula orei 18 sau de oricare alte modalități de organizare a programului meselor. Dacă te caracterizează mâncatul senzorial, de poftă, zona de confort îți permite să îți faci poftele oricum și oricât, fără să te întrebi despre cauzele din care apar și modul în care se manifestă. Dacă mănânci compulsiv, câtă vreme alegi să îți păstrezi confortul nu îți vei înfrâna pornirea de a consuma cantități mari de mâncare pe repede înainte, explorând căile prin care te poți bucura de mâncare savurând fiecare îmbucătură în parte. Dacă mâncatul emoțional ți-a intrat în reflex, în zona ta de confort emoțiile se tratează sau se amplifică în continuare cu alimente care de care mai calorice sau mai apetisante.

„ *Un vapor este în siguranță în port, dar nu pentru asta sunt făcute vapoarele.* “

William G.T. Shedd

Așadar, zona de confort este un loc absolut minunat, ca o canapea comodă pe care te cuibărești sub pătura ta preferată atunci când ai nevoie de odihnă, alinare sau relaxare. Din păcate, însă, aici nu crește nimic. Sau cel puțin nu s-a născut încă omul care să poată cuceri lumea fără să se miște de pe canapeaua de acasă. Viața începe acolo se termină zona ta de confort, dincolo de ceea ce ai ales să numești în mod convenabil „limite“, ba chiar „limite de netrecut“. În realitate, tot ceea ce îți dorești și nu ai reușit să obții până în acest moment se află în afara zonei tale de confort și te așteaptă acolo cu beneficii extraordinare.

Dincolo de aceste limite autoimpuse se întâmplă un stil de viață cu totul și cu totul nou, în care mâncarea își recapătă statutul de plăcere, iar compulsia, dezorganizarea, poftele necontrolate și emoțiile negative nu mai dețin asupra ta puterea pe care le permiți să o dețină câtă vreme nu te miști din zona ta de confort.

„ *Perlele nu se află pe malul oceanului. Dacă vrei una, trebuie să te scufunzi după ea.* “

Proverb chinezesc

RĂSPUNDE SINCER!

Gândindu-te la schimbarea pe care îţi propui să o transformi în realitate, notează răspunsurile la întrebările de mai jos.

Ce anume te ţine în interiorul zonei tale de confort?

1. Sentimente şi emoţii

___

2. Gânduri şi credinţe limitative

___

3. Atitudini şi comportamente

___

Ce anume te poate ajuta să ieşi din zona ta de confort?

1. Sentimente şi emoţii

___

2. Gânduri şi credinţe potenţatoare

___

3. Atitudini şi comportamente

___

Gândeşte-te la tine, la persoana care până acum a încercat să schimbe comportamentele care i-au provocat problemele de greutate, dar încă nu a reuşit. Încearcă să continui frazele care urmează, adresându-te direct sinelui tău.

TE IUBESC pentru că ____________________

____

ÎMI PARE RĂU pentru că ____________________

____

ÎȚI MULȚUMESC pentru că ____________________

____

IARTĂ-MĂ pentru că ____________________

____

Gândindu-te la o acțiune pe care ai întreprins-o în drumul tău către schimbarea dorită, dar care nu a ieșit exact așa cum ai plănuit, descrie în câteva fraze dialogul interior pe care l-ai avut.

Ce ți-ai spus atunci?

____

Ce ai simțit?

____

Cum te gândeai să îndrepți situația?

____

Ce s-a întâmplat în cele din urmă?

____

Gândindu-te la acțiunea descrisă mai sus, reformulează concluziile tale urmând instrucțiunile de mai jos:

Am observat că ____________________

____

Am simțit că ____

____

M-am simțit ____

____

Nu mi-a plăcut că ____

____

Mă gândesc ca data viitoare să _____________________________

____

ZAREA SENINĂ A OBIECTIVELOR ÎNDEPLINITE

Câte kilograme voi da jos? Cât de rapid voi slăbi? Ce sacrificii trebuie să fac pentru a slăbi? Voi putea să îmi mențin apoi greutatea sau efectele dietei vor dispărea ca orice minune care nu durează mai mult de trei zile? Toate aceste întrebări sunt perfect legitime. Fiecare dintre noi intră într-un program de slăbit sau de schimbare a stilului de viață cu un set unic de griji și așteptări. Acestea sunt produsul experienței noastre ca urmare a expunerii la informațiile din media și la promisiunile reclamelor, dar și reflexia cunoștințelor despre slăbit, a standardelor culturale la care ne raportăm și a încercărilor anterioare de a slăbi.

Setează-ți obiective realiste, măsurabile, care depind exclusiv de acțiunile tale. Stabilirea obiectivelor este o componentă importantă a oricărui program pentru controlul greutății. Dacă nu urmezi un model de definire a obiectivelor, precum cel pe care ți-l prezint în acest capitol, riști să te atașezi de un scop nerealist, imposibil de atins. Sau să îți alegi un obiectiv atât de vag, încât îți asigură doar într-o mică măsură orientare sau motivare pe parcursul întregului proces.

Obiectivul în sine are valoare în măsura în care te validează, crescându-ţi stima de sine, aducându-ţi respectul celor din jur, o sănătate mai bună, putere de muncă mai mare sau pur şi simplu mai multă energie. Pe de altă parte, dacă nu slăbeşti, starea ta de sănătate ar putea să se şubrezească mai tare, vitalitatea poate scădea şi poţi pierde bucuria de a trăi la capacitatea ta maximă alături de cei dragi.

Chiar dacă îndeplinirea obiectivului ales este benefică pentru tine, ia în considerare faptul că acest lucru ar putea să îţi aducă şi unele dezavantaje. De exemplu, prietenii ar putea să îţi reproşeze că nu mai ieşi cu ei în fiecare seară la bere sau cocktailuri; părinţii ar putea fi dezamăgiţi de faptul că nu mai mergi atât de des în vizită, în încercarea de a evita tentaţiile culinare. Pregăteşte-te să rezolvi onorabil aceste situaţii, fără să te abaţi de la drumul tău.

„*Sunt un om de succes astăzi, deoarece am avut un prieten care a crezut în mine şi nu m-a lăsat inima să-l dezamăgesc.*"

Abraham Lincoln

Propune-le prietenilor să vă reuniţi pe rând acasă la unul dintre voi – oferta de *board games* a momentului este extrem de bogată, sau să practicaţi împreună un sport de echipă. În acest fel, accentul nu mai cade pe mâncare sau băutură, ci pe bucuria întâlnirii. Sună-ţi părinţii înainte să le faci o vizită şi spune-le ce ţi-ar plăcea să mănânci – căci sunt slabe şansele revederii cu ei în faţa unei căni de ceai neîndulcit – şi se vor bucura să îţi pregătească exact mâncărurile de care ţi-e poftă şi care, deloc întâmplător, vor fi „de dietă". Greu de crezut că te vor refuza dacă ceri o porţie de piept de curcan la grătar sau un peşte cu legume la cuptor.

Nu neglija nici faptul că pierderea unui număr mare de kilograme ar putea să schimbe raporturile în relaţiile cu cei dragi sau chiar la locul de muncă. Este posibil ca acum să primeşti un tip de sprijin emoţional din partea celor din jur – atenţie, empatie, compasiune – care să dispară în viitor. Pe de altă parte, vei compensa la alte capitole, bucurându-te de admirația celorlalți pentru ambiția, perseverența și curajul tău de a transforma un vis într-o realitate cât se poate de palpabilă. Pregătește-te să începi o nouă viață într-o nouă postură, fără rețineri și regrete; fiecare etapă are farmecul ei.

RĂSPUNDE SINCER!

Ce efecte poate avea faptul că vei slăbi asupra vieții tale personale și profesionale, asupra familiei, sănătății, prietenilor, hobby-urilor?

____

____

Care dintre avantajele situației prezente vor rămâne valabile după ce renunți la surplusul de kilograme?

____

Care este prețul psihologic și emoțional pe care va trebui să îl plătești pentru a-ți atinge obiectivul de slăbit? Succesul în orice domeniu implică anumite eforturi, pe care trebuie să le conștientizezi încă de la început.

____

Dacă îți vei ajunge la numărul de kilograme dorit, ce se va petrece în continuare? Care sunt efectele pe termen scurt, mediu și lung?

____

____

Ce câștigi dacă reușești să slăbești atât cât ți-ai propus?

____

MODELUL S.M.A.R.T. DE STABILIRE A OBIECTIVELOR

Obiectivul specific. Ai putea, de exemplu, să spui „Vreau să fiu în formă.“, dar acest obiectiv oferă puține informații pentru ghidarea comportamentului tău viitor. Într-adevăr, ai identificat corect domeniul în care ai nevoie de îmbunătățiri, însă ai schițat o perspectivă vagă pentru modul în care poți aborda schimbarea.

Am întâlnit de mult ori pacienți convinși că scăderea în greutate le va rezolva o mare parte din problemele actuale de viață. Nu o dată am auzit fraze de tipul „Vreau să slăbesc pentru că îmi doresc să primesc iubire.“ sau „Vreau să slăbesc ca să obțin un job mai bine plătit.“. Realizarea unor astfel de legături eronate cauză-efect poate să conducă ulterior la sentimente de dezamăgire și tristețe și să pună în pericol eforturile depuse pentru a ajunge la greutatea normală. De exemplu, dacă în decurs de o lună de la îndeplinirea obiectivului privind greutatea, se întâmplă să nu te implici într-o relație romantică sau să nu îți schimbi locul actual de muncă, riști să ajungi la concluzia eronată și periculoasă că *ai slăbit degeaba*.

Exemplu de obiectiv nespecific: „Vreau să fac mai multe exerciții și să îmi planific mesele, limitând gustările.“. Fără îndoială, este o dorință legitimă, dar nu ajută la implementarea și supravegherea modificărilor comportamentale. Un obiectiv util specifică exact tipul de comportament pe care îl vei adopta, plus informații concrete de genul cum, când și unde se va produce schimbarea.

Exemple de obiective specifice: „Vreau să fac mai multă mișcare (comportamentul țintit) prin mers (cum), marțea și vinerea după serviciu, la ora 17 (când), în parc (unde).“ sau „Vreau să slăbesc (comportamentul țintit) programându-mi mesele (cum), de trei ori pe zi, înainte de ora 10, înainte de ora 15 și înainte de ora 19 (când)“. Așa sună un obiectiv pe care îl poți pune în aplicare cu exactitate și pe care îl poți utiliza mai târziu pentru evaluarea schimbării efective a comportamentului.

Obiectivul măsurabil. Unul dintre rolurile esenţiale ale obiectivelor cu care porneşti la drum este acela de unitate de măsură a progresului. Aşadar, găseşte magia din spatele numărului! Este imposibil să nu te fi gândit până acum câte kilograme ţi-ar plăcea să dai jos sau la ce greutate ţi-ar plăcea să ajungi. Mai mult decât atât, din experienţa mea, pacienţii proiectează deja în viitor cum vor arăta la X kilograme, cum vor fi priviţi de ceilalţi şi ce măsură îşi doresc să poarte la haine. Totuşi, în foarte multe din cazuri, oamenii nu cred cu adevărat că pot transforma aceste numere în realitate.

Numerele nu mint, ba chiar pot constitui o adevărată sursă de satisfacţie atunci când lucrează în favoarea ta. Însă nu te rezuma la a-ţi măsura succesul sau eşecul prin intermediul afişajului de pe cântar. Scăderea numărului de kilograme nu este singurul indiciu al succesului. Îmbunătăţirea stării generale de sănătate, dispariţia unor simptome supărătoare (precum oboseala sau durerile de articulaţii), mai multă energie, o condiţie fizică mai bună, chiar şi faptul că hainele pe care le porţi încep să îţi fie mari – toate acestea reprezintă semne că eforturile tale dau roade.

Obiectivul accesibil. Oricât de fabuloasă ar părea ideea că te poţi transforma în doi timpi şi trei mişcări într-un model de podium, o astfel de proiecţie te ajută mult mai puţin decât un obiectiv realist, care încurajează schimbările pozitive, dar previne abandonul şi eşecul programului tău de slăbit.

Încearcă să aspiri la o greutate realistă, care poate fi atinsă ţinând cont de datele tale fizice şi de istoricul relaţiei tale cu cântarul. Dacă o greutate rezonabilă vine la pachet cu un set de beneficii incontestabile pentru sănătate, greutatea ideală, nerealistă este nu doar izvor de frustrare, fiind foarte greu de atins şi imposibil de menţinut, ci şi garanţia destul de sigură că la un moment dat vei renunţa să te mai lupţi cu morile de vânt.

Şi viteza cu care preconizezi să slăbeşti se poate număra printre aşteptările distorsionate legate de procesul de slăbit. Poate ai ţinut anterior o dietă-fulger și ai rămas cu senzația că poți scăpa rapid de kilogramele în exces, fiindcă omiți să iei în considerare și faptul că rezultatele nu s-au dovedit durabile. Pe de altă parte, și imaginile „înainte-după“ care circulă în media întrețin falsa impresie că lucrurile se pot schimba de la o zi la alta. Dar scăderea ponderală survenită în ritm alert vine cu un bonus nedorit de interdicții și frustrare, având și marele dezavantaj de a fi urmată de creștere în greutate, după modelul yo-yo. În schimb, un ritm natural, firesc te ajută să îți îmbunătățești sănătatea, nu să o periclitezi, te salvează de la condamnarea la foame cruntă și garantează menținerea pe termen lung.

De asemenea, încearcă să conștientizezi că pierderea în greutate implică un efort susținut care se poate întinde pe parcursul mai multor luni, uneori peste șase. În locul concepției tradiționale, care pune semnul egal între a slăbi și a ține cură, adoptă o mentalitate mult mai productivă, care să implice modificarea stilului de viață, prin conectarea mai multor factori implicați în controlul greutății: dieta, activitatea fizică, peisajul mental, motivația, perseverența, optimismul.

„ *Nu-ți dori ca un lucru să fie ușor, dorește-ți să fii tu mai bun.* “

Jim Rohn

Așteptările de tipul „Pot să slăbesc foarte repede.“ sau „Pentru mine, slăbitul nu va presupune niciun efort.“ nu se confirmă, din păcate, nici în 0,1% din cazuri. Iar consecințele adoptării unei astfel de mentalități sunt cât se poate de serioase. Odată ce realitatea îți va oferi varianta ei îndepărtată de proiecțiile tale, vei simți frustrare și deznădejde. În astfel de momente, pălește și motivația de a relua strădania de schimbare a comportamentelor alimentare nesănătoase. Conștientizează din start că procesul slăbitului presupune multă muncă, implicare, eforturi susținute, și modelează-ți motivația în perfect acord cu realitățile cărora va trebui să le faci față.

Orientează-te către acţiuni pe care le poţi susţine o perioadă mai lungă de timp, bazându-te pe resursele de care dispui. De exemplu, dacă sedentarismul este a doua ta natură, nu te angaja să mergi la sală de cinci ori pe săptămână, aruncându-te să achiziţionezi abonamentul premium. De asemenea, dacă te înscrii la un curs de gimnastică aerobică pentru avansaţi, cu patru şedinţe pe săptămână, şansele să poţi menţine acest ritm sunt foarte mici. Începe cu un obiectiv mai realist, ţinând cont de forma ta fizică din acest moment. Propune-ţi să mergi pe jos timp de 30 de minute pe zi, iar după ce îţi respecţi angajamentul iniţial poţi creşte dificultatea activităţii fizice. Iar dacă îţi doreşti să faci sport într-un cadru organizat, ar fi o idee mult mai bună să alegi o clasă pentru începători, de 20 de minute, de trei ori pe săptămână.

Obiectivul relevant. Contează foarte mult să găseşti o modalitate cât mai expresivă pentru a-ţi formula obiectivul, astfel încât să fie relevant pentru tine în acest moment al vieţii şi al drumului spre cea mai bună versiune a ta. Foloseşte termeni pozitivi („Vreau să slăbesc 10 kilograme." în loc de „Nu mai vreau să fiu gras(ă)."), stabileşte-ţi ţinte concrete („Vreau să ajung la 60 de kilograme." în loc de „Vreau să fiu mai slab(ă).") şi mizează pe precizie, punctând ce, când, cum, unde plănuieşti să acţionezi („Voi alerga în parcul de lângă casă, timp de 30 de minute, în fiecare marţi şi joi de la ora 19.").

În completarea obiectivului, identifică şi o modalitate prin care îţi poţi evalua evoluţia. De pildă, dacă ai decis că vrei să faci mişcare, în timp îţi vei îmbunătăţi rezistenţa fizică. Stabileşte care este indicatorul pe care îl vei folosi pentru a măsura progresul făcut: „Voi şti că mi-am îmbunătăţit rezistenţa fizică în momentul în care voi putea alerga timp de 15 minute fără să mai gâfâi".

Obiective cu timp delimitat. Chiar dacă îndeplineşte toate condiţiile enumerate, un obiectiv de tipul „Plănuiesc să slăbesc 7 kilograme." este incomplet. În forma de acum, sugerează că accentul cade pe ceea ce indică cântarul şi mai puţin pe schimbarea stilului de viață. Stabilirea unor obiective pe termen lung și a unor scopuri pe termen scurt ar putea aduce un plus de claritate și consistență.

„*Se spune că timpul schimbă lucururile, dar de fapt tu ești cel care trebuie să le schimbe.*"

Andy Warhol

Un obiectiv pe termen lung reprezintă rezultatul dorit, cum ar fi o greutate-țintă sau pierderea în greutate. Scopurile pe termen scurt sunt mijloacele pentru a ajunge la ținta finală, pașii necesari pentru îndeplinirea obiectivelor pe termen lung. Tu nu poți controla procesul de scădere în greutate în sine, dar de tine depinde fiecare mică schimbare comportamentală zilnică. Deși o pierdere în greutate de 0,5–1 kg pe săptămână este un obiectiv rezonabil în majoritatea programelor de slăbit, te sfătuiesc să îi testezi veridicitatea o perioadă mai lungă, câteva săptămâni. Poți respecta regulile de alimentație sănătoasă și echilibrată, făcând și mișcare în paralel, dar corpul nu funcționează ca un robot receptiv la comenzi precise. Investește încredere și răbdare în fiecare etapă a procesului de schimbare.

Exemple de obiective pe termen lung și scopuri pe termen scurt

NUTRIȚIE

Obiective pe termen lung

- Repartiția aportului caloric în cadrul mai multor mese pe parcursul zilei
- Limitarea consumului de grăsimi (<30% din aportul caloric total)
- Aplicarea principiilor alimentației sănătoase
- Planificarea meselor
- Limitarea aportului de produse fast-food, dulciuri, făinoase

Scopuri pe termen scurt

- Completarea Jurnalului alimentar
- Respectarea porțiilor recomandate
- Calcularea cantității de carbohidrați (dacă suferi de diabet)
- Planificarea meniului zilnic și săptămânal (lista de cumpărături)
- Înlocuirea băuturilor cu zahăr cu cele care conțin îndulcitori artificiali

EMOȚII

Obiective pe termen lung

- Îmbunătățirea stimei de sine
- Soluționarea aspectelor legate de comportamentele alimentare problematice
- Implicarea într-o serie de activități care să te facă să te simți bine în corpul tău pe termen scurt

Scopuri pe termen scurt

- Acordarea de recompense (non-alimentare) pentru reușitele obținute
- Completarea Jurnalului emoțiilor
- Implicarea în activități pe care le-ai evitat din cauza greutății și complexelor (de exemplu: mersul la plajă, uitatul în oglindă, mersul la sală etc.)

MIȘCARE

Obiective pe termen lung

- Reducerea grăsimii corporale
- Reducerea presiunii sanguine (în cazul în care suferi de hipertensiune)
- Reducerea valorilor colesterolului și ale trigliceridelor din sânge
- Îmbunătățirea condiției fizice (flexibilitate mai bună, rezistență mai mare)

- Îmbunătăţirea calităţii somnului
- Mărirea masei musculare
- Accelerarea metabolismului
- Creşterea nivelului de energie

Scopuri pe termen scurt
- Implicarea în activităţi aerobice (mers pe jos, alergat, mers cu bicicleta etc.)
- Realizarea de exerciţii care măresc flexibilitatea
- Antrenamente de rezistenţă
- Antrenamente cu greutăţi

RĂSPUNDE SINCER!

Gândindu-te la schimbarea pe care doreşti să o faci, stabileşte-ţi obiectivele S.M.A.R.T.

SPECIFIC ____

MĂSURABIL ____

ACCESIBIL ____

RELEVANT ____

TIMP DELIMITAT ____

În ciuda atenţiei acordate, uneori obiectivele se dovedesc prea stricte. Sau pur şi simplu intră în scenă nepoftite circumstanţele neprevăzute. Nu te sfii să îţi ajustezi obiectivele pe parcurs, evaluându-le pe cele iniţiale şi înlocuindu-le cu altele mai rezonabile. Păstrează-ţi flexibilitatea, care te va ajuta să înţelegi că perfecţiunea nu numai că nu poate fi atinsă, dar nici nu este necesară. Capacitatea de adaptare permanentă este un aliat pe care te poţi baza în orice situaţie, inclusiv în cele din afara sferei nutriţionale.

Nu te aştepta ca efectele schimbărilor dorite să apară concomitent în toate domeniile vieţii tale. Reglează inteligent nivelul de presiune pe care îl pui asupra ta, astfel încât ceea ce ţi-ai propus să realizezi să nu devină copleşitor, dar nici să nu alunece în superficialitate. Concentrează-te pe fiecare obicei actual în parte, operând modificările care îţi sunt la îndemână, cu spirit de responsabilitate şi optimism. De exemplu, dacă ştii că îţi place să ronţăi la serviciu, ia trei-patru morcovi, taie-i rondele şi ţine-i într-un castronaş pe birou, ca să ajungă primii la întâlnirea cu poftele tale. Nu le permite sărăţelelor, covrigeilor sau pateurilor să le-o ia înainte!

„*Nu poţi opri valurile, însă poţi învăţa să navighezi.*"

Jon Kabat Zinn

De asemenea, gândeşte-te cine te poate sprijini în demersul tău. Dacă pleci mai târziu de la serviciu şi ajungi acasă cu o foame de lup, te poţi baza pe partener(ă) să îţi pregătească o cină dietetică, înainte să îţi răsune în minte doar să comanzi pizza la domiciliu? Şi nu uita: de multe ori, un zâmbet larg şi o inimă uşoară sunt cele mai preţioase resurse de care dispunem.

RĂSPUNDE SINCER!

Care sunt scopurile tale pe termen scurt?

____

____

Care sunt paşii necesari atingerii acestor scopuri?

____

____

Concret, care este primul pas pe care îl vei face pentru a-ți atinge scopul?

____

____

Când vei face acest prim pas?

____

De unde vei ști că fiecare pas în parte te apropie de atingerea obiectivului final?

____

În afară de ceea ce ai deja, ce altceva îți este necesar pentru a slăbi și a-ți schimba stilul de viață?

____

Cum poți obține aceste resurse și cum te poți asigura că îți sunt la îndemână atunci când ai nevoie de ele?

____

Cel mai bun mod de a prezice viitorul este să-l creezi, așa că te încurajez să sintetizezi tot ce ai învățat citind această carte și ai descoperit despre tine prin intermediul exercițiilor și chestionarelor. Planul tău de reușită abia așteaptă să fie completat și bineînțeles, îndeplinit cu succes!

RĂSPUNDE SINCER!

Obiectivul tău final: ________________________

Obiectivul tău lunar: ________________________

Obiectivul tău săptămânal: ______________________________

Motivația ta: trei direcții principale

1. ______________________________

2. ______________________________

3. ______________________________

Resursele tale:

1. ______________________________

2. ______________________________

3. ______________________________

Cum vei ști că ești pe drumul cel bun?

____

Cum vei ști că ți-ai atins obiectivele?

____

Cum te vei premia?

____

Pe ce te vei baza când îți va fi greu?

____

____

ÎNCHEIERE

Intră în comunitatea
Academiei de Nutriție „Sănătate, Te Iubesc!"

Dragă cititorule,

Îți mulțumesc pentru răbdarea și perseverența de a ajunge la finalul cărții.

Felicitări, acum poți începe adevărata aventură a vieții tale. Călătoria către tine însuți, la capătul căreia te vei întâlni cu cea mai bună versiune a ta. Te așteaptă de multă vreme, de când ai început să înțelegi că există ceva mai presus de kilograme, de reguli și restricții alimentare, de diete și calorii. De când ai înțeles că ești mai mult decât imaginea din oglindă, măsura hainelor sau numărul de pe afișajul cântarului. De când ai înțeles că ești singura persoană responsabilă de evoluția și transformarea ta reală.

Oglinda în care te privești zilnic este ca luciul apei, la suprafață răzbate doar vârful icebergului. Caută mai adânc în tine, sondează mai mult în interiorul tău, și, dacă îți dorești cu adevărat, vei reuși ceea ce ți-ai propus, sunt absolut sigură!

Este un drum extrem de anevoios, cu căderi și reveniri, restricții și excese, dar în același timp fabulos și extraordinar, căci ține mai mult de autocunoaștere și regăsire decât de dietă. Este despre organizare, disciplină, despre a-ți recunoaște în egală măsură puterea, dar și slăbiciunile, și a te împăca cu ele. Cuvântul de bază este împăcarea. Nu-ți mai transforma corpul într-un teren de luptă, într-un câmp de război cu poftele. Armele cu care luptă poftele sunt frustrarea, angoasele, autocritica, exact ceea ce ai vrea să eviți pentru a reuși.

Mulți pacienți vin la mine în cabinet cu speranța că le voi livra formula magică prin care să scape de poftele alimentare. Și pleacă cu răspunsul că poftele nu vor putea fi învinse niciodată, nu e potrivit să te lupți cu ele, cu poftele nu te pui, pur și simplu înveți să-ți faci poftele să ți le onorezi cu măsura potrivită, la momentul potrivit, în cantitatea potrivită. Eu pot să te ghidez să ți le faci cu măsura adecvată siluetei tale.

Oare cine mai intră astăzi în cabinetul unui medic nutriţionist neştiind ce alimente ar trebui să evite şi ce ar fi recomandat să mănânce pentru a slăbi? Cu toţii ştim că pizza, pastele, cartofii prăjiţi, băuturile carbogazoase, prăjelile şi produsele de tip fast-food îngraşă, nimeni nu aude asta pentru prima dată de la medicul nutriţionist. Cu toţii ştim că pentru a slăbi este nevoie să mănânci la ore regulate, cât mai multe legume şi carne slabă. În general, oamenii ştiu teoria pe de rost, însă nu reuşesc să intre în starea de a face ceea ce au realizat că trebuie să facă pentru a-şi ameliora starea de sănătate sau a-şi subţia talia.

Cred cu tărie că treaba nutriţionistului în viaţa unui om nu este aceea de a-i crea restricţii sau diete ori de a-i oferi liste de alimente permise sau interzise. Şi mai ştiu că visul ascuns al oricărei persoane care a avut la un moment dat probleme cu kilogramele în plus este acela de a putea să mănânce orice fără să se îngraşe. Aşadar, menirea nutriţionistului este aceea de a-l ajuta pe cel din faţa lui să mănânce orice îi face plăcere, cu condiţia să nu se vadă a doua zi pe cântar.

M-am decis să scriu această carte când am realizat că în cabinet, cu pacienţii mei, fac mai degrabă psihonutriţie decât nutriţie propriu-zisă. De aceea şi spun că eu cred nu în diete, ci în schimbarea stilului de viaţă. Şi pe bună dreptate, căci, deşi lucrez cu ele zilnic, urăsc dietele. Dar asta ştii deja din prima mea carte.

Aşa că am adunat laolaltă toate informaţiile pe care le-am învăţat de-a lungul formărilor mele în psihoterapie şi am început să le adaptez la nutriţie. Ce a ieşit ai citit în această carte. Şi nu m-am oprit aici.

Fiindcă printre valorile mele cele mai importante se numără creşterea şi dezvoltarea, alături de contribuţia socială, şi pentru că îmi place interacţiunea cu oamenii, în vara care tocmai s-a încheiat am lansat primele cursuri de Psihonutriţie în cadrul Academiei de Nutriţie „Sănătate, Te Iubesc!". Sunt cursuri intensive în care îmbin teoria cu exercițiile și îmi invit cursanții să facă primii pași în psihologia nutriției. Îi provoc să lucreze mai întâi cu ei, cu propriile convingeri și valori, după care să învețe să lucreze cu ceilalți.

Este un cadru prietenos, de creștere și dezvoltare atât personală, cât și profesională, în care învățăm unii de la alții, fie că suntem nutriționiști, psihologi sau doar persoane care își doresc un stil de viață sănătos. Este o ambianță în care te aștept și pe tine cu brațele deschise, oricând vei simți că a sosit momentul să intri mai profund în secretele psihonutriției.

Orice ai alege să faci, nu renunța la visul tău. Ai grijă de tine, fii bine cu tine!

Dr. Laura Ene,
membru fondator al Academiei de Nutriție
„Sănătate, Te Iubesc!"
10 octombrie 2019

BIBLIOGRAFIE SELECTIVĂ

Beck, Don Edward, Cowan, Christopher C. *Spiral Dynamics. Mastering Values, Leadership and Change,* Wiley-Blackwell, 2005.

Canfield Jack, Hansen Mark Victor. *Seria Supă de pui pentru suflet,* Editura Amaltea.

De La Altagracia, Dilia. *The End of Diets: Healing Emotional Hunger,* Applied Insight, 2003.

Dilts, Robert. *Bazele programării neurolingvistice,* Editura Vidia, 2014.

Dilts, Robert. *Schimbarea sistemului de crezuri prin programare neurolingvistică,* Editura Vidia, 2008.

Dilts, Robert. *Visionary Leadership Skills: Creating a World to Which People Want to Belong,* Meta Pubns, 1996.

Goleman, Daniel. *Inteligența emoțională (ed. 4),* Editura Curtea Veche, 2018.

Hay, Louise L. *Poți să-ți vindeci viața,* Editura Adevăr Divin, 2010.

Hay, Louise L. *Puterea este în interiorul tău,* Editura Adevăr Divin, 2009.

Jeffers, Susan. *Chiar dacă ți-e frică acționează. Înfrânge-ți fricile și împlinește-ți potențialul!,* Editura Act si Politon, 2019.

Keller, Jeff. *Atitudinea este totul,* Editura Curtea Veche, 2008.

Kessler, David. *Riscurile mâncatului în exces – de ce mâncăm mai mult decât este nevoie și cum putem preveni acest lucru,* Editura Paralela 45, 2011.

Maslow, Abraham H. *Motivație și personalitate,* Editura Trei, 2013.

McKenna, Paul. *Te pot face să slăbești,* Editura Litera, 2011.

Norwood, Robin. *Femei care iubesc prea mult,* Editura Litera, 2019.

Prochaska, James O., Norcross, John, DiClemente, Carlo. *Changing for Good: A Revolutionary Six-Stage Program for Overcoming Bad Habits and Moving Your Life Positively Forward,* HarperCollins, 2007.

Prochaska, James O., Prochaska, Janice M. *Changing to Thrive: Using the Stages of Change to Overcome the Top Threats to Your Health and Happiness,* Hazelden Publishing, 2016.

Robbins, Anthony. *Puterea nemărginită. Știința dezvoltării personale,* Editura Amaltea, 2011.

Robbins, Anthony. *Trezește uriașul din tine – Cum să preiei imediat controlul destinului tău mental, emoțional, fizic și financiar!,* Editura Act si Politon, 2019.

Salomé, *Jaques. Curajul de a fi tu însuți,* Editura Curtea Veche, 2008.

Salomé, *Jaques. Dacă m-aș asculta m-aș înțelege,* Editura Curtea Veche, 2009.

Sharma, Robin S. *Călugărul care și-a vândut Ferrari-ul,* Editura Vidia, 2010.

Sharma, Robin S. *Ghidul măreției,* Editura Act și Politon, 2018.

Stewart, Ian, Joines, Vann. *AT Astăzi, O nouă introducere în analiza tranzacțională,* Editura Mirton, 2007.

Szekely, Andy. *NLP – Calea succesului,* Editura Amaltea, 2003.

Tolle, Eckhart. *Puterea prezentului,* Editura Curtea Veche, 2016.

Tracy, Brian. *Schimbând gândirea îți schimbi viața*, Editura Curtea Veche, 2011.

www.5am.ro

www.aisucces.ro

www.florinrosoga.ro

NOTIȚELE TALE

NOTIȚELE TALE

CAPCANELE MÂNCATULUI EMOȚIONAL

Redactare: Dr. Maria Dragotă
Tehnoredactare: Liviu Stoica
Corectură: Iulia Burtea
Design copertă: Andra Penescu

CAPCANELE MÂNCATULUI EMOȚIONAL
Dr. Laura Ene

Descrierea CIP a Bibliotecii Naţionale a României
ENE, LAURA
Capcanele mâncatului emoţional : slăbitul - o provocare fizică sau mentală? / dr. Laura Ene ; vol. îngrij. de Iulia Burtea. - Bucureşti : Editura ALL, 2019
ISBN 978-606-587-540-1

I. Burtea, Iulia (ed.)

61

Grupul Editorial **ALL**:
Bd. Constructorilor nr. 20A, et. 3,
sector 6, cod 060512 – Bucureşti
Tel.: 021 402 26 00
Fax: 021 402 26 10

www.all.ro

Editura **ALL** face parte din **Grupul Editorial ALL.**

/editura.all
allcafe.ro